Rainer Werner

Das ganze Leben ist ewiges Wiederanfangen

Vom Straßenkämpfer zum Studienrat

Der Titel des Buches ist ein Zitat von Hugo von Hofmannsthal (1874-1929).

Das Cover zeigt oben die letzte Ausgabe einer historischen kommunistischen Zeitung und unten die Altstadt von Bad Wimpfen.

Rainer Werner

Das ganze Leben ist ewiges Wiederanfangen

Vom Straßenkämpfer zum Studienrat

Bibliographische Information der Deutschen Nationalbibliothek:
Die Deutsche Nationalbibliothek verzeichnet diese Publikation in
der Deutschen Nationalbibliographie; detaillierte
bibliographische Daten sind im Internet über http://dnb.dnb.de
abrufbar.

Rainer Werner: Das ganze Leben ist ewiges Wiederanfangen,
Vom Straßenkämpfer zum Studienrat
Originalausgabe
© 2022 Verlag AURIGA Berlin, Am Tegeler Hafen 32, 13507
Berlin
2. (erweiterte) Auflage 2022
mail@rainer-werner.com
www.rainer-werner.com
Sämtliche Rechte vorbehalten.
Grafische Gestaltung: Patricia Strunk
Herstellung und Verlag: BoD – Books on Demand, Norderstedt

ISBN: 9783753491448

Inhalt

Vorwort

„Mich selbst, ganz wie ich bin, auszubilden, das war dunkel
von Jugend auf mein Wunsch und meine Absicht."
(Goethe, Wilhelm Meisters Lehrjahre)

Mit 15 Jahren war ich leidenschaftlicher Pfadfinder. Zelten in freier Natur, Lagerfeuerromantik und Kameradschaft prägten mein Leben als Jugendlicher. Bevor wir die Zelte abbrachen, sangen wir eine schottische Volksweise, die Claus Ludwig Laue 1946 ins Deutsche übersetzt hat. In der Pfadfinderbewegung gilt sie bis heute als <u>das</u> Abschiedslied.

> „Nehmt Abschied, Brüder, schließt den Kreis!
> Das Leben ist ein Spiel;
> und wer es recht zu spielen weiß,
> gelangt ans große Ziel."

Das Bild vom Leben als Spiel kommt mir in den Sinn, wenn ich mich anschicke, mein Leben aufzuschreiben. Spiel bedeutet, dass das Leben nie exakt planbar ist, sondern immer eine improvisatorische und zufällige Komponente enthält. Dem Kind und Jugendlichen steht das Leben in seiner Verheißung groß und geheimnisvoll vor Augen. Alles scheint möglich, da man von den Gesetzen des Lebens, die auch Schranken und Hindernisse kennen, noch nichts weiß. Man ahnt nicht, dass die eigene Herkunft, die

Einflüsse von Familie und Milieu, den Lebensgang eines Menschen beeinflussen können. Von Karl Kraus stammt das Bonmot: *„Das Wort ‚Familienbande` hat einen Beigeschmack von Wahrheit."* Viele Lebensentwürfe sind deshalb Versuche, sich aus vorgegebenen Fesseln zu befreien.

Ich habe mich genauso ins bunte Leben gestürzt, wie das Jugendliche im Vollgefühl von Kraft und Zuversicht schon immer getan haben und weiter tun werden. Der romantische Dichter Joseph von Eichendorff hat diese Aufbruchstimmung in seinem Gedicht „Die zwei Gesellen" treffend eingefangen:

> Es zogen zwei rüst'ge Gesellen
> Zum erstenmal von Haus,
> So jubelnd recht in die hellen,
> Klingenden, singenden Wellen
> Des vollen Frühlings hinaus.
>
> Die strebten nach hohen Dingen,
> Die wollten, trotz Lust und Schmerz,
> Was Rechts in der Welt vollbringen,
> Und wem sie vorübergingen,
> Dem lachten Sinnen und Herz. […]

Heute, im fortgeschrittenen Alter, blicke ich auf ein reiches Leben zurück. Ich versuche die Weichenstellungen nachvollziehen, die es in bestimmte Bahnen gelenkt haben. Mit dem Abstand und der Erfahrung vieler Jahre kann ich beurteilen, ob die Entscheidungen, die ich traf, zwangsläufig oder eher dem Zufall geschuldet waren - und ob sie mein Leben bereichert haben.

Wie schreibt man eine Autobiografie? Die Frage kann man nur beantworten, wenn man weiß, wie Erinnerung funktioniert. Psychologen geben uns die Auskunft, dass in der Erinnerung verschiedene Eindrücke zusammenfließen: Bilder von Personen, Situationen und Landschaften, Klangfarben und Geräusche, Gerüche und Düfte, natürlich auch Gefühle. Jeder weiß, dass das Erinnerte nie einem exakten Protokoll des Erlebten gleicht. Vieles bleibt in der Erinnerung vage und diffus. Manchmal gibt es aber auch Erinnerungssplitter, die fotografisch scharf in unser Gedächtnis treten. Die Psychoanalyse lehrt uns, dass der Mensch dazu neigt, unangenehme Erlebnisse zu verdrängen, um eine mitunter fragile Ich-Identität nicht zu gefährden. Solche Episoden sind dem spontanen Erinnerungsvermögen entzogen und müssen vom Therapeuten im einfühlsamen Gespräch zutage gefördert werden. Außerhalb des therapeutischen Kontexts kann eine ehrliche Selbstbefragung die Analyse des Profis ersetzen.

Als Deutschlehrer kenne ich die Autobiografie, die Johann Wolfgang von Goethe im Alter von 59 Jahren begonnen und mit 82 Jahren vollendet hat: „Aus meinem Leben. Dichtung und Wahrheit". Goethe war bewusst, dass er im Abstand von über 50 Jahren das real Erlebte nicht mehr würde exakt rekonstruieren können. Deshalb fügte er im Titel dem Wort „Wahrheit" noch den Begriff „Dichtung" hinzu. Damit gibt er zum Ausdruck, dass zum historisch Verbürgten das poetisch Gestaltete tritt. Viele Germanisten halten Goethes Autobiografie deshalb für eine gekonnte literarische Inszenierung.

An den Forderungen, die Goethe an die Autobiografie stellt, kann sich auch der nicht-literarische Autor orientieren. Die Hauptaufgabe der Biografie sieht der Dichter darin, *„den Menschen in seinen Zeitverhältnissen darzustellen"* und zu zeigen, *„wie er sich eine Welt- und Menschenansicht daraus gebildet"* hat. Goethe fordert, *„dass...das Individuum sich und sein Jahrhundert kenne"*. Ich habe beim Schreiben versucht, die „Zeitverhältnisse" deutlich werden zu lassen. Mein Wissen als Geschichtslehrer hilft mir dabei, privates Erleben in den Kontext des geschichtlichen Prozesses zu integrieren.

Ich bin mir dessen bewusst, dass ich beim Schreiben dem, was der Psychologe „Erinnerungskonstruktion" nennt, nicht völlig entgehen kann. Manches, was ich schreibe, mag nachträgliche Interpretation sein, die der Konstruktion einer stimmigen Identität dient, ohne die der Mensch nicht auskommt. Diejenigen, die mich in den verschiedenen Lebensphasen erlebt haben, mögen selbst beurteilen, wie viel an meiner Schilderung Dichtung und wie viel Wahrheit ist.

Berlin, im April 2021

Kindheit und Jugend

Im Land der Rebellen und Schöngeister

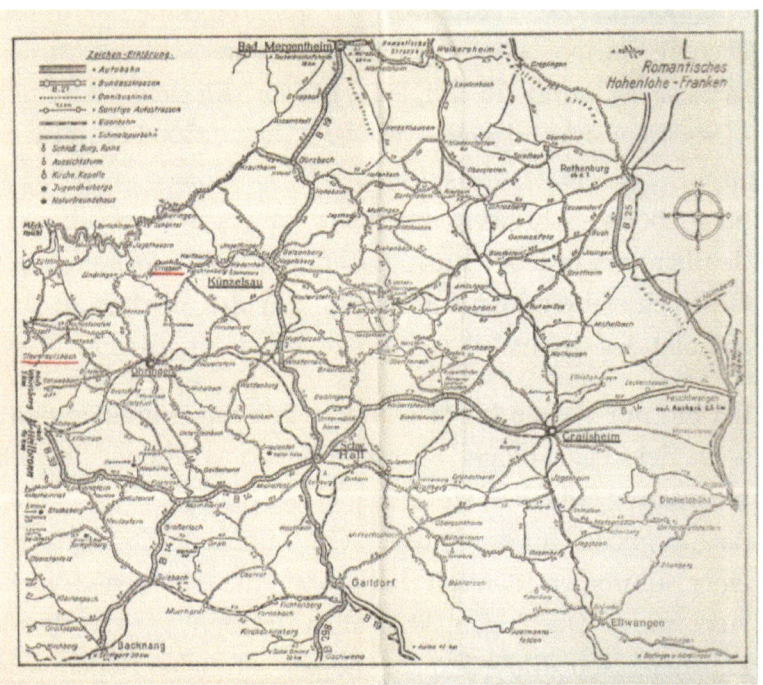

Landkarte von Hohenlohe (Quelle: „Hohenlohe – Franken, Landschaft, Geschichte, Kultur, Kunst", Nürnberg 1973)

Am 5. Mai 1946, ein Jahr nach Ende des Zweiten Weltkriegs, wurde ich in Ernsbach, einem Tausend-Seelen-Dorf in Hohenlohe, geboren. Das Dorf wurde 1037 zum ersten Mal urkundlich erwähnt, ist also eine frühmittelalterliche Gründung. Hohenlohe ist eine Region im Norden von Baden-Württemberg, die nach dem fränkischen Adelsgeschlecht der Hohenloher Grafen, späteren Fürsten, benannt ist. Hohenlohisch ist ein ostfränkischer Dialekt, der sich in verschiedenen Aspekten vom Schwäbischen unterscheidet. Die Landschaft, in der mein Heimatdorf liegt, heißt "Hohenloher Ebene". In die flachhügelige Hochebene schneiden sich zwei tiefe mäandernde Flusstäler ein: das Kocher- und Jagsttal. Im Süden ist die Landschaft begrenzt durch die Waldenburger Berge und den Mainhardter Wald, im Westen grenzt sie an das Neckartal. Die Hohenloher Ebene ist eine alte Kulturlandschaft. Äcker, Wiesen und Wald wechseln miteinander ab, kleine malerische Bauerndörfer sind in die Landschaft eingestreut. An den Hängen der beiden Täler wachsen, wenn sie nach Süden ausgerichtet sind, Weinreben. Auf den Bergvorsprüngen hat das Geschlecht der Hohenlohe Burgen und Schlösser gebaut, die heute noch trotzig in die Landschaft ragen. Am bekanntesten sind die Schlösser von Langenburg, Kirchberg und Stetten. Hohenlohe ist eine geschichtsträchtige Region.

Nicht weit von meinem Geburtsort entfernt liegen die Gemeinden Jagsthausen und Berlichingen. Dort verbrachte der berühmte Raubritter Götz von Berlichingen seine Kindheit. 1525 tobte in Hohenlohe der Bauernkrieg, bei

Ernsbach am Kocher

dem sich der rauflustige reichsfreie Ritter "Götz" den Bauern als Anführer zur Verfügung stellte. 1528 wurde er von Soldaten des Schwäbischen Bundes gefangen genommen. Er musste schwören, seine Burg Hornberg am Neckar nicht mehr zu verlassen und auch kein Pferd mehr zu besteigen. Dort verbrachte er seine Zeit mit Jagen und mit dem Verfassen seiner Memoiren, auf die sich Johann Wolfgang von Goethe beim Schreiben seines Götz-Dramas stützte. 1540 hob Kaiser Karl V. den Hausarrest auf, weil er die Dienste des kampferfahrenden Ritters bei einem Feldzug gegen die Türken benötigte. 1562 starb Götz von Berlichingen über 80-jährig und wurde im Kloster Schöntal an der Jagst bestattet.

Ein anderer Hohenloher Rebell heißt Wendel Hippler. Der in Neuenstein bei Öhringen geborene Jurist war zuerst Kanzler im Dienst des Grafen zu Hohenlohe. Später überwarf er sich mit ihm und schloss sich den aufrührerischen Bauern an. Er wurde sogar ihr Verhandlungsführer. 1525 geriet er in Gefangenschaft des Kurfürsten von der Pfalz, Ludwigs V. Ein Jahr später wurde er noch vor dem Prozess in seinem Heidelberger Gefängnis getötet.

Gleichfalls in Neuenstein geboren ist Johann Wolfgang Textor (lateinisch für Weber). 1690 zog er nach Frankfurt/M. Der Großvater des Dichters Johann Wolfgang von Goethe mütterlicherseits, der kaiserliche Rat und Stadtschultheiß von Frankfurt, stammt von diesem Neuensteiner Textor ab. Aus Anhänglichkeit an ihren früheren Dienstherrn, den Grafen Wolfgang von Hohenlohe-Weikersheim, haben die Frankfurter Textors dem kleinen Johann Goethe noch den Vornamen Wolfgang gegeben. Neuenstein kann sich rühmen, die Urahnen der Mutter des Dichterfürsten Goethe beheimatet zu haben.

Das Hohenloher Land hat nicht nur Rebellen hervorgebracht, sondern auch Tüftler und Schöngeister. In Schöntal lebte der Ingenieur und Schriftsteller Max Eydt. Sein Vater hatte am Evangelischen Theologischen Seminar des Dorfes an der Jagst eine Professur für Griechisch und Geschichte inne. Der begabte Sohn erhielt von seinem Vater Privatunterricht, auch im Klavierspiel. Seine mathematische und zeichnerische Begabung war eine gute Voraussetzung für den Beruf des Ingenieurs. 1845 besuchte der neunjährige Max mit seinem Vater das Ernsbacher Hammerwerk, das einen mit Dampfkraft angetriebenen Schmiedehammer betrieb. Wie er es in seinen Lebenserinnerungen erzählt, erwachte in ihm beim Klang des Eisenhammers die Liebe zur Technik. Aus dem Hammerwerk wurde 1898 die Schraubenfabrik L&C Arnold, in der meine Mutter einige Jahre lang gearbeitet hat. Die Reiseerzählungen von Max Eyth, die unter dem Titel „Wanderbuch eines Ingenieurs" in mehreren Fortsetzungen erschienen, waren im Kaiserreich Bestseller. In der dynamischen Gründerzeit liebten die Menschen kühne Entdecker und pfiffige Erfinder.

In Ernsbach ist Ludwig Christian Heink geboren, der sein Leben der Technik gewidmet hat. 1877 wanderte er aus, um in der Schweiz, in Griechenland und Venezuela als leitender Ingenieur Straßen, Kanäle und Eisenbahnen zu bauen. Nach seiner Heimkehr plante und leitete er in seiner Heimatgemeinde Ernsbach den Bau der Wasserleitung.

Der Pfarrer und Dichter Eduard Mörike hat mehrfach das Ernsbacher Pfarrhaus besucht. Dort hatte sein Studienfreund aus dem Tübinger „Stift" Ludwig Amandus Bauer die Pfarrstelle inne. Neben seinen geistlichen Dienstpflichten schrieb Bauer historische Dramen und Romane. Wie sein Freund Mörike schied auch er frühzeitig aus dem Amt und wurde gleichfalls Lehrer. In einer Zeit der Glaubenszweifel infolge der wissenschaftlichen Revolution im 19. Jahrhundert war bei manch einem (vornehmlich evangelischen) Pfarrer die literarische Leidenschaft stärker als der Drang zur Verkündigung der christlichen Botschaft.

1921 wurde in Forchtenberg, der Nachbargemeinde von Ernsbach, Sophie Scholl geboren. Ihr Vater war dort Bürgermeister. Ihre ersten neun Lebensjahre verbrachte Sophie in dem beschaulichen Dorf am Kocher. Dann zog die Familie nach Ludwigsburg. An der Universität München studierte Sophie Biologie und Philosophie. Zusammen mit ihrem Bruder Hans schloss sie sich dem Widerstand gegen den Nationalsozialismus an. 1943 wurde sie in der Universität beim Verteilen von Flugblättern verhaftet. Sophie Scholl, Hans Scholl und ihr Freund Christoph Probst wurden vom „Volksgerichtshof" zum Tode verurteilt und durch das Fallbeil hingerichtet. Ihren Abituraufsatz hatte sie zu dem Thema geschrieben: *„Die Hand, die die Wiege bewegt, bewegt die Welt."* Der jungen Frau war es nicht vergönnt, in einer Zeit zu leben, in der Kinder in Frieden und Freiheit groß werden können.

Das verzweigte Geschlecht des Grafen zu Hohenlohe hat einige Söhne hervorgebracht, die im Kaiserreich politisch Karriere gemacht haben. Chlodwig zu Hohenlohe-Schillingsfürst, einer Nebenlinie der Familie entstammend, wurde 1894 von Kaiser Wilhelm II. zum Reichskanzler und preußischen Ministerpräsidenten ernannt. Diese Personalie zeigt, wie der deutsche Hochadel verwandtschaftlich miteinander verbandelt war. Da die Mutter der Kaiserin Auguste Viktoria, Herzogin Adelheid von Schleswig-

Holstein, eine Cousine von Chlodwig war, duzte ihn der Kaiser und nannte ihn Onkel Chlodwig. Ein Bruder Chlodwigs, Gustav Adolf, wurde 1866 von Papst Pius IX. zum Kurienkardinal ernannt. Diese beiden Beispiele zeigen, dass der Adel neben wichtigen Offiziersstellen auch Ämter in Politik und Kirche innehatte. Ausschlaggebend war die fundierte Ausbildung der Adeligen, die sie an den besten europäischen Universitäten genossen hatten.

Das Geschlecht der Hohenlohe ist mit dem britischen Königshaus verwandt. Gottfried zu Hohenlohe-Langenburg war der Cousin des Herzogs von Edinburgh, des 2021 verstorbenen Gatten von Königin Elisabeth II. Gottfrieds Sohn Philipp ist heute der engste Verwandte des Hauses Windsor in Deutschland. Die britische Königsfamilie hat mehrfach Schloss Langenburg besucht. Der ökologisch inspirierte Prinz Phillip fachsimpelt gerne mit Hohenloher Bauern über die besten Schweinerassen und den Anbau traditioneller Getreidesorten wie Dinkel, Emmer und Grünkern.

Es heißt, Kindheit, Geburtsort und Landschaft prägten den Menschen für sein ganzes Leben. Prägend ist vor allem der Klang der Muttersprache. Meine Eltern sprachen unter sich und mit den Dorfbewohnern Hohenlohisch. Diese Mundart war auch die Sprache meiner Kindheit. Wenn ich eine mir aufgetragene Arbeit für zu schwierig hielt, sagte mein Vater zu mir: „des machsch anâweech." (Das machst du trotzdem.) - Meine Mutter intervenierte: „âmend duud er sich weeh" (Am Ende tut er sich weh.) – Meine Großmutter schickte meine Schwester in den Keller: „Geesch in dâ Keller und hoolsch ebbiirâ." (Gehe in den Keller und hole Kartoffeln.) - Wenn sich meinen Eltern ein Fremder vorstellte, antworteten sie ihm mit „ougneem" (angenehm). Im Gespräch mit gebildeten Menschen, die Hochdeutsch sprachen, versuchten sie ihren Dialekt zu verbergen, um ihn umso freudiger wieder zu benutzen, wenn sie unter sich waren. Am Gymnasium versuchte ich von Anfang an Hochdeutsch zu sprechen, um mich vor den Honoratiorenkindern nicht zu blamieren. Überrascht stellte ich fest, dass einige Lehrer im Unterricht Schwäbisch sprachen. Während diese Mundart anerkannt und durch prominente Schwäbisch-Sprecher geadelt ist (man denke an Theodor Heuss und Winfried Kretschmann), gilt das Hohenlohische bis heute als Bauerndialekt, den man besser verbirgt. Die Mundart-Musikband „Annaweech" hat dem Dialekt zu einer gewissen Popularität verholfen.

Wenn ich an meine Kindheit zurückdenke, höre ich das monotone Rauschen des Kochers, dessen Wasser über das Wehr fließt, dringt mir der Tannenduft des Waldes in die Nase, höre ich das Gezwitscher der Mehlschwalben, wenn sie in ihrem kugligen Nest an der Scheunenwand um Nahrung betteln, höre ich die Uhr des Kirchturms schlagen, die Tag und Nacht den Bürgern mitteilt, was die Stunde geschlagen hat. So haben sich Dorf und Landschaft, in der ich meine Kindheit und Jugend verbracht habe, in mein Gedächtnis eingegraben. In der Fremde wird mir die Heimat immer wieder zur Seelenlandschaft, der ich in

Tagträumen gerne nachhänge. Carl Zuckmayer hat recht, wenn er sagt: *„Geburtsheimat ist Gefühlsheimat"*.

Bauerntochter trifft SA-Mann

Nach soziologischen Kriterien gehörten meine Eltern zum Kleinbürgertum. Früher sagte man: "Der Junge ist in einfachen Verhältnissen groß geworden". Mein Vater war Tischler, meine Mutter die Tochter eines Bauern. Meine Mutter hatte noch drei Schwestern. Die beiden älteren Mädchen arbeiteten in der Landwirtschaft mit. Nach Beendigung der Volksschule, die damals acht Klassen umfasste, blieb meine Mutter auf dem Hof, um den Vater in der Landwirtschaft und die Mutter bei der Betreuung der beiden kleinen Mädchen, die neun Jahre jünger waren, zu unterstützen. Noch als erwachsene Frau schwärmte meine Mutter von der "schönsten Zeit ihres Lebens", als sie mit den Kühen über die Wiesen zog. Im Gras liegend, sah sie dem Wandern der Wolken zu. Wenn es von der Dorfkirche zu Abend läutete, trieb sie die Kühe, die sie liebevoll beim Namen nannte, zurück in den Stall. Im Alter von 19 Jahren verdingte sich meine Mutter bei einem jüdischen Zigarrenfabrikanten in Heilbronn als Dienstmädchen. Diese Zeit der Unabhängigkeit vom Elternhaus hat sie sehr genossen. Heilbronn war in den 1930er Jahren mit 60.000 Einwohnern schon eine große Stadt. Es gab Vergnügungsstätten wie Kinos, Tanzsäle, Theater und Varietés. Für das Mädchen vom Lande boten sich ungewohnte Verlockungen, denen sie zusammen mit einer Freundin, die auch Dienstmädchen war, nachging. Bei ihrem Tingeln durch die aufregenden Lokalitäten hielten die jungen Frauen sicher auch Ausschau nach einem Mann, den sie als Ehemann angeln konnten. Damals hatten die wenigsten Frauen einen erlernten Beruf, so dass die Versorgung in einer Ehe mit einem gut situierten Mann wichtig war. Als am 15. September 1935 die "Nürnberger Gesetze" erlassen wurden, die die deutschen Juden aus der Rechtsordnung ausschlossen, musste meine Mutter die "Stellung", wie man damals sagte, aufgeben. Juden war es den Rassengesetzen zufolge untersagt, "deutschblütige", "arische" Dienstmädchen unter 45 Jahren zu beschäftigen. Mit 21 Jahren kehrte meine Mutter in ihr Heimatdorf zurück. Dort lernte sie meinen Vater kennen, der in SA-Uniform mit dem Motorrad rasant durch das Dorf fuhr, um bei den Mädchen Pluspunkte zu sammeln. Das männliche Appetenzverhalten konnte durch die Attribute der SA eine deutliche Aufwertung erfahren. Der schnittigen Uniform und dem zackigen Habitus konnten die zivilen Dörfler wenig entgegensetzen. So wurde meine Mutter, Sofie Härtrich, die Braut von Ernst Werner. An Weihnachten 1938 fand die Verlobung statt.

Mein Vater arbeitete in der Ernsbacher Tischlerei Gebhardt, wo er die Gesellenprüfung ablegte. Als die Weimarer Republik, von der Weltwirtschaftskrise gebeutelt, ihrem Ende entgegentaumelte, kletterte die Arbeitslosigkeit auf schwindelerregende Höhen. Auch mein Vater wurde arbeitslos, weil der Tischlermeister keine Aufträge mehr bekam. Eines Tages kam ein LKW in unser Dorf, auf dessen offener Pritsche ein Trupp Braununiformierter saß. Eine Propagandaabteilung der SA (Sturmabteilung), einer Gliederung der NSDAP, rückte an. Die Braunhemden bauten eine Gulaschkanone auf und verteilten Erbsensuppe mit Wursteinlage an die Dorfbewohner. Danach spulten sie auf einer improvisierten Leinwand einen Propagandafilm ab, der die Aufmärsche der SA und die Reden Adolf Hitlers zeigte. Etliche junge Männer trugen sich in die ausliegenden Aufnahmelisten ein. Die meisten Neumitglieder waren Arbeitslose. So wurde auch mein Vater ein SA-Mann. Am Wochenende traf sich die SA-Gruppe zu sportlichen und paramilitärischen Übungen. In einem Steinbruch übten sie sich an Pistolen und Gewehren. Heute mutet es befremdlich an, dass damals keine Behörde einschritt und den in aller Öffentlichkeit zelebrierten Waffengebrauch untersagte. Die Hohenloher SA-Gruppe fuhr auch zu großen SA-Zusammenkünften, die den „Kameraden" zeigen sollten, dass man es mit einer mächtigen und stetig wachsenden Bewegung zu tun hatte.

Soldatenelend, Soldatenehre

Mein Vater wurde 1939 in die Wehrmacht eingezogen. Schon im Herbst nahm er am Überfall auf Polen teil, 1940 dann am Krieg gegen Frankreich. Dort war er ein Jahr lang stationiert, bis seine Einheit mit einem Transportzug in den Osten Polens verfrachtet wurde, wo sie wochenlang für den

Angriff auf Russland trainierte, der am 22. Juni 1941 begann. Sein Infanterieregiment gehörte zur Heeresgruppe Mitte, die in Hitlers Feldherrnplänen dazu bestimmt war, Moskau einzunehmen. Im kalten Winter 1941/42 wurde mein Vater in der Nähe von Smolensk - kurz hinter der Grenze zu Belarus – schwer verwundet. Bei einem Gefecht drang ein Granatsplitter in seinen Kopf ein, was zu einer Teillähmung der linken Körperseite führte. Außerdem verlor er ein Auge. Von einem Kameraden wurde er vor dem Tod durch Erfrieren oder Verbluten gerettet. Er schleppte ihn mühsam von der Front zurück zum Verbandsplatz. Von dort wurde er nach einer Erstbehandlung mit einer Junkers 52 nach Königsberg ausgeflogen und im dortigen Krankenhaus operiert. Einige Wochen später kam er dann nach Nürnberg, wo er im Lazarett bis zu seiner Entlassung aus der Wehrmacht behandelt wurde. Insgesamt brachte er fast ein ganzes Jahr in Lazaretten zu.

Ich habe meinen Vater auf die Verbrechen der Wehrmacht angesprochen, über die ich in Büchern gelesen hatte. Von der Erschießung von Juden und polnischen und russischen Zivilpersonen durch die Sonderkommandos der SS und die Wehrmacht will er nichts gesehen oder gehört haben. Im Nachlass meines Vaters habe ich seine Orden gefunden. Darunter das Eiserne Kreuz (EK), das goldene Verwundetenabzeichen und die „Medaille Winterschlacht im Osten 1941/42", die die Soldaten sarkastisch „Gefrierfleischorden" nannten. Sie spielten damit auf die eisigen Temperaturen an, die sie im russischen Winter zu ertragen hatten. Ich erbte auch ein Fotoalbum mit der eingravierten Inschrift „Meine Kriegserinnerungen". Darin fand ich ein Foto, das einen Galgen zeigt, an dem sieben Menschen hängen, darunter zwei Frauen. Auf ihre Kleidung ist ein Judenstern aufgenäht. Ein am Galgen angebrachtes Schild trägt auf Deutsch und Russisch die Inschrift: „Diese Juden haben gegen die deutsche Wehrmacht gehetzt." Wenn mein Vater oder ein Kamerad das Foto gemacht hat, wäre es zumindest ein Indiz dafür, dass die Wehrmacht oder die Einsatzgruppen der Sicherheitspolizei diese Morde begangen haben. 1995 kam in der Wehrmachtausstellung des Hamburger Instituts für Sozialforschung ans Licht, dass die Wehrmacht an der praktischen Umsetzung des Holocaust in Osteuropa aktiv mitgewirkt hat. Meinen Vater habe ich mit Rücksicht auf sein hohes Alter und seine schwere Kriegsverletzung nicht mehr mit diesen Tatsachen konfrontiert.

Die Rettung durch einen Regimentskameraden hat sich bei ihm tief eingebrannt. Nach dem Krieg besuchte er die Kameradschaftstreffen seines Regiments, wenn sie in Baden-Württemberg stattfanden. Einmal habe ich ihn zu einem solchen Treffen begleitet. Soweit ich mich daran erinnere, waren die Kameradschaftstreffen frei von nationalistischer Ideologie und Heldenmythos. Die meisten der Anwesenden waren vom Krieg schwer gezeichnet, hatten Gliedmaßen verloren oder waren blind. Bei einem solchen Treffen kaufte mein Vater ein Buch, das die Geschichte seines Regiments schilderte. Als ich es las, fiel mir auf, dass der Krieg vornehmlich als anspruchsvolle

Handwerkstechnik geschildert wurde, die man möglichst perfekt ausübt und bei der es wie im Sport um Sieg oder Niederlage geht. Die Dimension des rassistischen Vernichtungskrieges, den die Nationalsozialisten führten, wurde völlig ausgeblendet. Mit dieser Lesart wollten die Ex-Soldaten der Wehrmacht ihre Soldatenehre retten.

„... echt deutsche Pflichterfüllung für eine verlorene Sache."

Der Krieg hat in der Familie meines Vaters weitere Opfer gefordert. Seine Schwester Martha kam am 4. Dezember 1944 beim Bombenangriff der britischen Royal Air Force auf Heilbronn ums Leben. Sie war 33 Jahre alt. Der Feuersturm war so gewaltig, dass man den Feuerschein noch im 40 km entfernten Ernsbach am nächtlichen Himmel flackern sehen konnte. 6.500 Menschen fielen dem Luftangriff zum Opfer. Da der Heilbronner Hauptfriedhof die große Zahl der Opfer nicht aufnehmen konnte, wurde im Köpfertal, einem heutigen Naturschutzgebiet, ein neuer Friedhof angelegt. Dort wurden die Opfer in sieben anonymen Massengräbern bestattet. Auf diesem „Ehrenfriedhof" findet jedes Jahr am Tag des Bombenangriffs eine Gedenkfeier statt.

Ein Bruder meines Vaters, Gottlieb, fiel am 30. April 1945, eine Woche vor Kriegsende, in Dessau (Sachsen-Anhalt), als er in einem Truppentransportzug zur Ostfront unterwegs war. Britische Flugzeuge bombardierten den Zug und zerstörten Gleise und Bahnhof. Vergeblich hatten meine Eltern den Onkel zu überreden versucht, das nahe Kriegsende in einem Versteck abzuwarten. Bei Westwind war in Ernsbach schon der Donner der Artilleriegeschütze der Amerikaner zu hören, die von Heidelberg nach Osten vorrückten. Doch Gottlieb Werner wollte seinen Soldateneid nicht brechen und seine Kameraden an der Front nicht im Stich lassen. Ob er ein überzeugter Nazi war und noch an den Endsieg glaubte, weiß ich nicht. Von meinen Eltern konnte ich darüber nichts in Erfahrung bringen. Gottlieb Werner hatte einen ausgefallenen Beruf. Er war Diener in Fürstenhäusern. Am längsten diente er dem Freiherrn Karl von St. André in Kreßbach bei Tübingen, einem hugenottischen Zweig einer alten französischen Adelsfamilie. Der Freiherr schreibt in seinem Kondolenzschreiben an die Mutter des Gefallenen, Margarete Werner: *„Es kommt einem das Grausen an, wie sich das deutsche Volk – man selbst mit inbegriffen – von dieser Verbrecherbande jahrelang hat nasführen lassen! Möge uns aus dem kläglichen Zusammenbruch des nationalsozialistischen Systems, ohne jede Würde und ohne Mut und Haltung, nach all den großmäuligen Sprüchen, etwas wirklich Besseres in der Zukunft beschieden sein."* Hier drückt sich der Abscheu gegenüber den Nationalsozialisten aus, den viele Adelige hatten und der etliche von ihnen zum aktiven Widerstand gegen das NS-Regime veranlasst hat. Aus dem Nachlass des gefallenen Onkels habe ich eine gebundene Ausgabe von Hölderlins „Hyperion" geerbt, in der Schlüsselstellen mit Bleistift markiert sind. In diesem Briefroman geht es um den Befreiungskampf der Griechen von osmanischer

Herrschaft. Der Krieg, in dem mein gebildeter Onkel sein Leben verlor, war kein Befreiungskrieg gewesen. Die Kriege, die das Hitler- Regime vom Zaun brach, dienten dazu, andere Völker zu versklaven.

„Mein Kampf" als Hochzeitsgeschenk

Für die Eheschließung mit meiner Mutter hatte mein Vater Fronturlaub erhalten. Die standesamtliche Trauung fand am 22. November 1940 im Ernsbacher Rathaus statt. Der Bürgermeister überreichte dem Ehepaar neben der Eheurkunde ein Exemplar von Hitlers „Mein Kampf". Eheschließungen und baldiger Nachwuchs waren im Nationalsozialismus erwünscht. Für Kriegsehen wurde den Soldaten deshalb großzügig Urlaub in der Heimat gewährt. Dass Hitlers Buch allen Hochzeitspaaren geschenkt wurde, hatte einen ideologischen Grund. Der Diktator hielt die Ehe für eine wichtige Institution im nationalsozialistischen Staat. Sie diente vor allem dazu, die außereheliche Sexualität, die er „jüdische Libertinage" nannte, zu zügeln. Vorbild war die bäuerliche Großfamilie des Mittelalters, die noch nicht von den Verfallserscheinungen der Moderne gezeichnet war. Den Nationalsozialisten diente die Ehe vor allem zur Erhaltung und Vermehrung der „arischen" Rasse, in Kriegszeiten dazu, das Reservoir an Soldaten aufzufüllen. Der Krieg verschlang eine ganze Generation junger Männer. Hitler stiftete 1938 das „Ehrenkreuz der Deutschen Mutter" („Mutterkreuz"), das Müttern ab dem vierten Kind in drei Stufen – Bronze, Silber und Gold – verliehen wurde. Wie die meisten Deutschen haben meine Eltern „Mein Kampf" nicht gelesen. Dabei hätten sie bei der Lektüre erfahren können, was ihnen bevorsteht: ein Krieg um „Lebensraum im Osten" und die Vernichtung der Juden. Im Geschichtsunterricht konnte ich meinen Schülern dieses Original von „Mein Kampf" zeigen. Seit 2016 gibt von „Mein Kampf" eine wissenschaftlich betreute und kommentierte Ausgabe in zwei Bänden. Sie enthält 3.500 Anmerkungen und kostet 59 Euro.

Nach dem Krieg arbeitete mein Vater noch stundenweise in seiner alten Tischlerwerkstatt, bis er schließlich als Kriegsinvalide frühverrentet wurde. Da anfangs die Kriegsversehrtenrente nicht üppig war, musste meine Mutter das Einkommen aufbessern. Sie arbeitete in der Schraubenfabrik L&C Arnold, wo Frauen wegen ihrer flinken Hände vor allem im Verlese-Prozess begehrt waren. Sie mussten auf dem Förderband die fehlgepressten Schrauben aussortieren: Die guten ins Töpfchen, die schlechten in den Abfall. Neben der Fabrikarbeit "schmiss" meine Mutter noch den Haushalt. Die Großmutter Margarete Werner, die mit im Haus wohnte, unterstützte sie dabei. Meine Mutter war eine starke und überaus tüchtige Frau. In der Fabrik arbeitete sie sich aus der Produktionsabteilung hoch ins Angestelltenbüro. Sie belegte einen Schreibmaschinenkurs, lernte Buchführung und wurde schließlich die Sekretärin eines Abteilungsleiters. Nach der Arbeit versah sie Haushalt und Gartenarbeit. Mein Vater konnte sie wegen seiner

Behinderung nur bedingt unterstützen. Im Kochen, Backen, Nähen und Schneidern war meine Mutter perfekt. Ihr zum Gedächtnis backe ich heute noch den Schwäbischen Käsekuchen - getreu nach ihrem Rezept.

Wenn ich an meine Mutter denke, fallen mir die soziologischen Berichte über die starken Frauen der Kriegsgeneration ein. Die Väter waren an der Front, die Mütter arbeiteten in kriegswichtigen Betrieben und zogen nebenbei die Kinder groß. Ohne dass sie zur Emanzipation ermuntert werden mussten, wurden sich durch die Verhältnisse zu selbstbewussten Frauen. Sie nahmen das Heft in die Hand und steuerten die Familie mit Stärke und Cleverness durch die Kriegszeit. In Erlebnisberichten kann man nachlesen, wie konsterniert die Männer waren, wenn sie nach Jahren der Gefangenschaft müde und desillusioniert heimkehrten und ihre verwandelten Ehefrauen vorfanden, die sich nicht mehr mit der männlichen Vormachtstellung abfinden wollten. Viele Ehen sind daran zerbrochen, zumal oft ein „Hausfreund" im Spiel war.

Als mein Vater durch den Granatsplitter schwer verletzt wurde, war er 30 Jahre alt. Nach dem Krieg wollte er eigentlich die Meisterprüfung als Tischer ablegen, um sich selbstständig machen zu können. Daran war nicht mehr zu denken. Das berufliche Aus sorgte bei ihm für eine große Enttäuschung. Ich kann mich noch gut daran erinnern, dass er manchmal gegenüber der Familie tyrannische Anwandlungen hatte, als wolle er durch Herrschsucht die verloren gegangene männliche Dominanz kompensieren. Meine Mutter hatte es mit ihm nicht leicht. Ihr protestantisches Pflichtethos motivierte sie aber immer wieder zum Durchhalten. An ein Gespräch kann ich mich noch gut erinnern, bei dem durchschien, dass sie mit ihrem Mann nicht glücklich war. Als Student brachte ich ab und zu meine Freundinnen mit nach Hause. Wie es damals üblich war, taxierten meine Eltern das Mädchen, ob es für eine Heirat in Frage kommt. Ich sagte zu meiner Mutter, heutzutage sei das eine nebensächliche Frage, wichtig sei, dass man sich liebt und sich gut versteht. Wenn das nicht der Fall sei, könne man auch wieder auseinandergehen. Nachdenklich meinte sie, dass sie sich das in ihrer Jugend auch so gewünscht hätte. Wenn man damals mit einem jungen Mann "ging", galt man im Dorf als verlobt. Ein Erproben von Beziehungen war völlig unüblich. Hätte eine junge Frau das versucht, wäre ihr der Ruf eines „leichten Mädchens" gewiss gewesen. Die Äußerung meiner Mutter konnte ich so deuten, dass sie durchaus mit dem Gedanken gespielt hat, sich von ihrem Mann zu trennen.

Hunde für die Lebensfreude

Mein Vater versuchte seinem Leben als Frührentner im besten Alter eine feste Struktur zu geben. Er richtete sich im Keller unseres Hauses eine kleine Tischlerwerkstatt ein. Viele Gebrauchsgegenstände und kleine Möbel hat er damals hergestellt. Das war für ihn wichtig, um das geliebte Handwerk nicht zu verlernen. Mit der Zeit entwickelte er ein Hobby, das immer mehr Raum in seinem Leben einnahm. Er hielt Hunde, zuerst Schäferhunde, dann Dobermänner, zum Schluss einen Riesenschnauzer. Für seine Hunde baute er einen Zwinger mit Auslauf und einer schützenden Hundehütte. Mit den Hunden ging er auf den Trainingsparcours eines Hundevereins und legte mit ihnen die Schutzprüfung ab. Auch an der Zucht beteiligte er sich, indem er seine Rüden zum Decken von Hündinnen zur Verfügung stellte, deren Besitzer uns anhand des Verzeichnisses der Rassehundezüchter aufsuchten. Da wir einen großen Obstgarten hatten, hielt sich mein Vater bei jedem Wetter draußen auf und ließ die Hunde über das Gelände jagen. Nur der Zier- und Nutzgarten war verbotenes Gebiet, weil die Hunde dort großen Flurschaden hätten anrichten können. Ein Problem hatten wir mit der Postzustellung, weil die Hunde mehrmals Postboten gebissen hatten. Die Haftpflichtversicherung verordnete uns den Einbau einer Gegensprechanlage mit einem aus der Ferne zu bedienenden Schließmechanismus. So ließ sich das Problem beheben. Alle Hunde wurden, wenn sie gestorben waren, im Garten unter einem Nussbaum bestattet. Im Laufe von dreißig Jahren entstand dort ein richtiger Hundefriedhof. Unsere Verwandten machten immer ein etwas säuerliches Gesicht, wenn wir ihnen im Herbst ein Körbchen mit Walnüssen überreichten.

„Dies ist das Tor zum Ewigen ..." (Psalm 118,20)

Wenn man heute durch Ernsbach geht, erblickt man am Marktplatz ein Haus, an dessen Fassade eine Erinnerungstafel angebracht ist. Sie informiert darüber, dass sich in diesem Gebäude zwischen 1855 und 1925 die Synagoge der ehemaligen jüdischen Gemeinde von Ernsbach befunden hat. Schaut man sich ein Foto des Gebäudes vor 1925 an, sieht man einen stolzen Sakralbau mit Walmdach, massivem Eingangsportal und zwei hohen Rundbogenfenstern. Über der Tür sieht man eine Rosette, in deren Glas der Davidstern eingelassen ist. Über dem Eingangstor ist auf Hebräisch die Inschrift zu lesen: *„Dies ist das Tor zum Ewigen, Gerechte ziehen durch es hinein."* (Psalm 118,20) Nach dem Verkauf der Synagoge hat der neue Eigentümer alles Jüdisch-Sakrale gründlich getilgt. Die Rundbogenfenster wurden bis auf kleine quadratische Fensteröffnungen zugemauert, Rosette und Inschrift ganz entfernt. Denkmalschutz gibt es in Deutschland seit 1919. Bei jüdischen Sakralbauten nahm man es in der Weimarer Republik mit dem Schutz offensichtlich nicht so genau.

Im Landesarchiv von Baden-Württemberg kann man die Geschichte der jüdischen Gemeinde in Ernsbach nachlesen. Sie bestand seit dem 17. Jahrhundert und erreichte 1844 mit 233 jüdischen Bürgern ihre größte Mitgliederzahl. Das war ungefähr ein Drittel der Einwohnerschaft. Die 40 Familien lebten von Handel, Gewerbe und Landwirtschaft. Seit ihrer

Ernsbacher Synagoge (vor 1925), Foto: Heimatmuseum Ernsbach

Gründung besaß die Gemeinde eine Synagoge, eine Schule und ein rituelles Bad. Die Toten wurden auf dem jüdischen Friedhof in Berlichingen bestattet, der auf das Jahr 1586 zurückgeht. Heute steht er unter Denkmalschutz. Seine

Grabmale bilden in einmaliger Weise das jüdische Leben in Hohenlohe ab. Das heutige Synagogengebäude wurde 1855 errichtet, nachdem der Vorgängerbau wegen massiver Wasserschäden abgetragen werden musste. Die Ernsbacher Juden fühlten sich als verantwortungsvolle Staatsbürger. Sich um öffentliche Belange zu kümmern, war für sie selbstverständlich. So geht das 1905 erbaute Rathaus von Ernsbach auf eine Stiftung des in Ernsbach geborenen Samuel Kochertaler zurück, der Direktor der Diskontgesellschaft Berlin wurde. Nach dem Ersten Weltkrieg nahm die Zahl der jüdischen Einwohner rapide ab. Vermutlich zogen sie in größere Städte, um bessere Verdienstmöglichkeiten zu haben. 1925 wurde die jüdische Gemeinde aufgelöst und die Synagoge verkauft. Den Unterlagen von Yad Vashem in Jerusalem kann man entnehmen, welche früheren Ernsbacher Juden von den Nationalsozialisten ermordet wurden. Es sind 32 Bürger, von denen die meisten den Nachnahmen „Kochertaler" trugen. Da die Nazis den Juden deutsch klingende Nachnahmen verwehrten, wurden sie nach ihrem Herkunftsort benannt. In meiner Kindheit war in der ehemaligen Synagoge eine Feuerwache untergebracht, bis dann schließlich ein Friseursalon einzog. Meine Mutter erzählte mir, dass sie, bevor sie meinen Vater kennen lernte, mit einem jungen Juden befreundet war, der Herbert Stern hieß. Sie zeigte mir ein Foto, das beide beim Picknick unter einem blühenden Apfelbaum sitzend zeigt. Von einer Kusine erfuhr ich, dass es der junge Mann in die USA geschafft hat, bevor der Vernichtungsfeldzug der NSDAP begann.

Antifaschismus auf dem Dorf

Von meiner Mutter habe ich erfahren, dass ihr Vater Wilhelm Härtrich gegen die Nazis eingestellt war. Dem Bauernhof gegenüber lag die Schmiede des Dorfes. Dort trafen sich abends die Gegner der NSDAP und hielten lästerliche Reden. 100 Meter entfernt war der Kaufladen. Dessen Inhaber war der Ortsgruppenleiter der NSDAP. Er kannte die Gesinnung der in der Schmiede versammelten Bauern und Handwerker, wagte aber nicht, gegen sie vorzugehen. Vielleicht befürchtete er, dass die Dorfbewohner nicht mehr in seinem Laden einkaufen würden. Eine Schändlichkeit hat sich dieser Mann zuschulden kommen lassen. In der Schraubenfabrik L&C Arnold arbeiteten während des Krieges nur Alte, Frauen und Zwangsarbeiter, zumeist Kriegsgefangene aus den von der Wehrmacht besetzten Ländern. Deutsche Männer im wehrfähigen Alter waren alle an der Front. Eines der deutschen Mädchen wurde von einem polnischen Kriegsgefangenen schwanger. Als das Kind geboren war, wurde es der Mutter weggenommen und in ein Kinderheim gegeben. Die Mutter wurde wegen „Rassenschande" in ein KZ verschleppt. Das Mädchen wurde nach dem Krieg zur besten Freundin meiner Schwester. Meines Wissens wurde der Nazi für diese Untat nur milde zur Rechenschaft gezogen, obwohl die Amerikaner in ihrer Besatzungszone die Entnazifizierung sehr ernst nahmen.

Der Vater meiner Mutter untersagte den 12-jährigen Zwillingsschwestern, dem Bund Deutscher Mädel (BDM) beizutreten, was für die Mädchen schwierig war, weil sie sich aus ihrer Mädchenclique ausgegrenzt fühlten. Außerdem mussten sie zur Strafe am Samstag in die Schule, während die BDM-Mädchen ihre kameradschaftlichen Unternehmungen starteten. Als die NSDAP damit drohte, Mädchen, die sich dem BDM-Dienst verweigerten, als Flakhelferinnen ausbilden zu lassen, lenkte der Vater ein. Er wusste, dass diese militärische Funktion für seine Töchter im Kriegsfall tödliche Folgen haben konnte. Die Uniformen, die die Mädchen selbst stellen mussten, nähte meine Mutter, die im Nähen großes Geschick besaß.

Wo Niedertracht herrscht, gibt es auch Selbstlosigkeit. In der „Liste der Gerechten unter den Völkern aus Deutschland" der Gedenkstätte Yas Vashem findet man das Ehepaar Heinrich und Maria List aus Ernsbach. Von November 1941 bis März 1942 versteckten sie ihren jüdischen Geschäftsfreund Ferdinand Strauss, der sie um Hilfe gebeten hatte. Denunziert durch einen polnischen Zwangsarbeiter der Firma L&C Arnold, musste Ferdinand Strauss fliehen und konnte in die Schweiz gelangen. Heinrich List wurde festgenommen und ins KZ Dachau eingeliefert, wo er im Lagerkrankenhaus starb.

Mein Vater wurde nach dem Krieg ebenfalls entnazifiziert. Die Amerikaner verteilten in ihrer Besatzungszone Fragebögen mit 131 Fragen, die man gewissenhaft zu beantworten hatte. Mein Vater wurde in Gruppe drei von fünf möglichen Belastungstatbeständen eingestuft. Als „Mitläufer" hatte er 20 Reichsmark zu zahlen, um den begehrten „Persilschein" - nicht mehr belastet - zu bekommen.

Ahnenforschung

Zusammen mit meiner Mutter betätigte ich mich als Hobby-Ahnenforscher. Um herauszufinden, woher ihre Vorfahren mit dem Namen Härtrich stammten, studierten wir das Ernsbacher Kirchenbuch. Die dortigen Angaben führten uns zu anderen Gemeinden, in deren Kirchenbücher wir Einblick nahmen. Der älteste auffindbare Eintrag mit dem Namen Härtrich fand sich in einer Matrikel aus dem Schwäbischen. Dort war als Berufsbezeichnung des Mannes „Söldner" angegeben. In den turbulenten Zeiten der Napoleonischen Kriege zwischen 1792 und 1815 war dies ein häufig anzutreffender Beruf. Der Eintrag war mit dem Zusatz „aus Salzburg eingewandert" versehen. Da die Familie evangelisch war, lässt sich das Datum der Einwanderung relativ genau beziffern. Der Salzburger Fürsterzbischof Firmian, ein fanatischer Katholik, erließ nämlich am 31. Oktober 1731 (ausgerechnet am Reformationstag!) das

„Emigrationspatent". Dieser Erlass verfügte, dass die Protestanten das Fürsterzbistum Salzburg binnen drei Monaten zu verlassen hatten. Es war der Beginn einer Auswanderungswelle der evangelischen Christen, die sich danach in protestantischen Regionen des Reiches niederließen. Über die Vorfahren meines Vaters Ernst Werner wissen wir wenig. Sein Vater stammte aus dem oberschwäbischen Städtchen Ehingen, südwestlich von Ulm gelegen. Von Beruf war er Gutsverwalter. In dieser Eigenschaft kam er auf das Gut Halsberg, das zum Kloster Schöntal gehörte. Es liegt auf dem Höhenzug zwischen Kocher und Jagst. Großvater Werner wurde eines Nachts von einem betrunkenen und randalierenden Knecht erschossen. Meine Großmutter zog danach mit ihren vier Kindern nach Ernsbach, weil es wegen der dort ansässigen Industrie bessere Verdienstmöglichkeiten gab als im bäuerlichen Schöntal.

Die Familie meiner Großmutter Anna Härtrich, geb. Hetzler, hat auch eine Emigrationsgeschichte. Als junges Mädchen hatte Anna noch drei Schwestern. Da es in dem kleinen Dorf Ernsbach zu wenige heiratsfähige junge Männer gab, versuchten die Mädchen ihr Glück im Ausland. Zwei zogen in die Schweiz und fanden dort ihr Eheglück. Mit ihrer Schwester Rosa reiste Anna im Jahr 1911 in die USA. Während es Rosa dort gut gefiel, hatte Anna Heimweh und kehrte ein Jahr später wieder nach Deutschland zurück. Auf der Heimreise im April 1912 begegnete ihr Dampfer der Titanic, die von Großbritannien nach New York unterwegs war. Die Fahrgäste der beiden

Schiffe winkten sich von den Decks zu. Einen Tag später erfuhr die Welt, dass die Titanic nach einer Kollision mit einem Eisberg untergegangen war. 1514 Menschen verloren ihr Leben. Anna kam nach Ernsbach zurück und heiratete den Bauern Wilhelm Härtrich, der nebenbei noch eine kleine Bäckerei betrieb. Rosa (engl. Rose) starb hochbetagt mit 104 Jahren in den USA, ohne ihre Heimat jemals wiedergesehen zu haben.

Apfelernte, Lebertran und Prügelstrafe

Im Jahr 1952 kam ich in die erste Klasse der Grundschule meines Dorfes, die damals eine Zwergschule war. Vier Klassen, die jeweils nur aus acht bis zehn Schülern bestanden, wurden vom selben Lehrer in einem Klassenraum unterrichtet. Damals war die Grundschule noch nicht so mit Lernstoffen überfrachtet wie heute. Lesen, Rechnen, Schreiben und Heimatkunde (heute heißt das Fach Sachunterricht) waren die zentralen Fächer, die einen großen Raum einnahmen. Dazu kamen noch Nebenfächer wie Singen, Zeichnen und Sport. Religionsunterricht wurde vom Pfarrer des Dorfes erteilt. Wir hatten einen Lehrer, der das Fach Heimatkunde besonders schätzte. Ständig waren wir im Dorf unterwegs, beim Bauern, Schmied, Imker, Förster und in der Schraubenfabrik. Heute gilt eine solche lebensnahe Pädagogik als der letzte Schrei und wird "Lernen am anderen Ort" genannt. Unser Lehrer hatte auch keine Scheu, uns im Herbst in seinen Obstgarten mitzunehmen, wo wir ihm halfen, die Äpfel zu ernten. Dabei erklärte er uns die unterschiedlichen Apfelsorten und auch die Methode, Bäume zu veredeln, zu okulieren, indem man ein Reis von einer Edelsorte einer Wildform aufpflanzt.

In der Grundschule bekamen wir die sog. Schulspeisung, bestehend aus einer Flasche Milch, die uns der Hausmeister aushändigte. Sie diente dazu, die Mangelernährung, die es nach dem Zweiten Weltkrieg gab, auszugleichen. Regelmäßig kam die Gemeindeschwester zu uns in die Schule und gab jedem von uns einen Löffel Lebertran in den Mund. Für einige von uns war das der Schreckenstag schlechthin, weil der Lebertran damals noch nicht mit Himbeergeschmack veredelt wurde. Das Vitamin D, das in der Leber von Fischen reichhaltig vorkommt, dient bei Kindern im Wachstumsalter der Rachitis-Prophylaxe und der Unterstützung des Knochenaufbaus. In der Nachkriegszeit kamen während der Sommerferien Kinder aus Berlin und Köln in unser Dorf. Sie wohnten in Gastfamilien und sollten in der frischen Luft möglichst viel Sonne tanken, um der Rachitis vorzubeugen. Sie erzählten uns staunenden Dorfkindern von den verschachtelten Hinterhöfen in den Mietskasernen, in die tagsüber kaum ein Sonnenstrahl dringt. Zur Gesundheitsvorsorge gehörte auch eine regelmäßige Reihendurchleuchtung. Einmal im Jahr kam ein Omnibus, der zum Röntgenlabor umgerüstet worden war. Alle Kinder wurden auf Tuberkulose durchleuchtet, die in der Nachkriegszeit noch eine reale Gefahr darstellte.

Auf das Hohenlohe-Gymnasium in Öhringen kam ich auf Empfehlung des Grundschulrektors, der es sich zur Aufgabe gemacht hatte, begabte Schüler aus dem Dorf für "höhere Aufgaben" auszuwählen. Eines Abends besuchte er meine Eltern und schlug ihnen vor, mich ab der 5. Klasse aufs Gymnasium zu schicken. Meine Eltern willigten ein und ich bestand die Aufnahmeprüfung.   Ein wichtiges Anliegen dieses Gymnasiums war es, begabte Schüler aus dem ganzen Landkreis Hohenlohe "einzusammeln". Aus den umliegenden Dörfern fuhren die Schüler täglich mit den damals noch existierenden gelben Postbussen in die Kreisstadt. 2021 blickt das Hohenlohe-Gymnasium auf eine 475-jährige Geschichte zurück. Im 12. Jahrhundert ging es aus der Schule des Chorherrenstifts hervor, die zuerst nur den eigenen geistlichen Nachwuchs ausgebildet hatte. Als auch die Söhne des Bürgertums Aufnahme fanden, wurde die Stiftsschule zur öffentlichen Schule. Nach Einführung der Reformation in der Grafschaft Hohenlohe im Jahr 1544 wurde die Schule von einem Reformator aus Wittenberg, Johannes Ruthenus, geleitet. Unter seiner Führung wurde aus der Lateinschule das „Gymnasium Oeringense" oder „Gymnasium Hohenloicum". Es bekam die humanistische Ausrichtung, die ich in meiner Schulzeit noch erlebt habe. Im Lauf der Jahrhunderte durchlief das Gymnasium etliche Reformphasen, die die jeweiligen Landesherren von Württemberg angestoßen hatten. Unter der Herrschaft der Nationalsozialisten wurden alle jüdischen Schüler relegiert, der humanistische Zug der Schule abgeschafft. Das antike Menschenbild stand dem Germanenkult der Nazis im

Wege. 1956 bezog das Gymnasium, das zuvor im alten Stiftsgebäude untergebracht war, einen Neubau im sachlichen Stil der Nachkriegsmoderne. In den zurückliegenden 475 Jahren haben 28 Rektoren die Schule geführt. Für jeden Schulleiter sollte es eine Ehre sein, ein so altes, ehrwürdiges Gymnasium leiten zu dürfen.

Altstadt von Öhringen

Meinen Eltern war schnell klar, dass sie mich schulisch nicht würden unterstützen können. Sie vertrauten auf meine Begabung und meinen Ehrgeiz, mich unter den Honoratiorenkindern, die damals die württembergischen Gymnasien bevölkerten, durchsetzen zu wollen. 1970 legten von einem Schülerjahrgang nur 11 Prozent das Abitur ab. Die Abiturienten an den Gymnasien des Landes gehörten deshalb automatisch zur schwäbischen Elite. Im Herbst 1966 legte ich die Abiturprüfung ab. Für gute Leistungen wurde ich mit einem Buchpreis ausgezeichnet. An zwei Prüfungsthemen kann ich mich noch erinnern. In Latein mussten wir eine Rede von Cicero ins Deutsche übersetzen. Es war eine seiner Reden gegen Lucius Catilina, der 63 v. Chr. eine Verschwörung gegen die Römische Republik unternommen hatte. Unser Lateinlehrer liebte das elegante Latein des berühmten Redners. Wir mussten uns mit seinen schwierigen Relativsätzen abmühen. In der Deutsch-Prüfung hatten wir einen Besinnungsaufsatz über ein Zitat von Goethe zu schreiben, welches sich in den Gesprächen des Dichters mit seinem Adlatus Eckermann findet: *„Sowie ein Dichter politisch wirken will, muss er sich einer Partei hingeben, und sowie er dieses tut, ist er als Poet verloren; er muss seinem freien Geiste, seinem unbefangenen Überblick Lebewohl sagen und dagegen die Kappe der Borniertheit und des blinden Hasses über die Ohren ziehen."* – Damals war die Botschaft des Zitats brandaktuell. Ein Jahr zuvor hatte Bundeskanzler Ludwig Erhard (CDU) die Dichter des Landes, deren Linkskurs ihm missfiel, als "Pinscher", "Banausen", "Nichtskönner" und "Scharlatane" bezeichnet. Wie man an diesem Aufsatzthema sieht, war der damalige Deutschunterricht keineswegs nur weltfremde Gemütsergötzung, er verstand sich durchaus als gesellschaftliches Reflexionsmedium.

Da meine Eltern den gymnasialen Lernstoff nicht richtig einschätzen konnten, schauten sie nur auf das Zeugnis. Wenn dort mindestens eine Drei stand, waren sie zufrieden. Da die Schwaben mit Lob ähnlich geizen wie mit Geld, rang sich mein Vater den anerkennenden Satz ab: „Des isch jetzt net so schlecht." In Berlin lernte ich später, dass es noch sparsamer geht. Für den Berliner gilt als höchstes Lob, wenn er sagen kann: „Da kann man nicht meckern."

An unseren Lehrern merkten wir, dass wir einem grausamen Krieg entronnen waren. An unserer Grundschule war einer der Lehrer Kriegsinvalide. Er hatte im Krieg einen Arm verloren. Ich kann mich noch gut daran erinnern, wie er im Musikunterricht mit einem Arm den Schülerchor dirigierte. Wenn er durchs Gebäude ging, hielten ihm die Schüler die Tür auf, weil er in seinem einzigen Arm seine Aktentasche trug. Auch am Gymnasium hatten wir einen Lehrer, der im Krieg verwundet worden war. Er trug eine Beinprothese, die wir abschätzig „Holzbein" nannten. Er war unser Mathelehrer. Wir wussten, dass er unter General Rommel im Afrika-Korps gekämpft hatte. Dort hatte er sich auch seine schwere Verwundung zugezogen. Ein Pfiffikus in der Klasse kam auf die Idee, vor dem Unterricht einen Atlas mit der aufgeschlagenen Afrika-Karte aufs Lehrerpult zu legen. Der Lehrer begann den Unterricht, schielte aber immer wieder auf die Landkarte. Schließlich gab er der Verlockung nach und zeigte dem Finger auf Libyen. Auf Schwäbisch sagte er: „Do ben i gwä..." (Da bin ich gewesen). Ab jetzt war der Matheunterricht gelaufen. Wir lauschten den packenden Schlachtenschilderungen eines ehemaligen Wehrmacht-soldaten. Anfang der 1960er Jahre erlebte ich im Lehrerkollegium des Gymnasiums einen Generations-wechsel. Viele junge Lehrer wurden eingestellt, die älteren nach und nach pensioniert. Die jungen waren aufgeschlossen, versuchten modern zu wirken, ließen auch der Diskussion freien Raum, ohne natürlich so partnerschaftlich aufzutreten, wie das für Lehrkräfte heute selbstverständlich ist. Bei den jungen Herren war offensichtlich, dass sie vom französischen Existentialismus beeinflusst waren. Sie trugen Rollkragen-Pullis und rauchten Pfeife, was wir Primaner prompt nachahmten. Die jungen Damen hatten einen schwereren Stand in der Klasse. Ich kann mich noch gut daran erinnern, wie einige Pubertierende halblaut Zoten rissen, um die Lehrerinnen zu verunsichern. Einmal verabredeten sich die Jungen, einer besonders attraktiven jungen Dame strikt auf den Busen zu starren. Sie konterte unser Manöver – heute würde man sagen „cool" -, indem sie sich hinter die Klasse stellte und von dort aus unterrichtete. Sie unterzog die Jungen einer strengen Prüfung in deutscher Grammatik. Die Blamage war unvermeidlich. Die Mädchen in der Klasse freuten sich. Uns verging die Lust an weiteren erotischen Spielereien.

Zu Anfang meiner Schulzeit habe ich noch die Prügelstrafe erlebt. In der Grundschule legte der Lehrer die Schüler, die den Unterricht störten, über die Bank und gab ihnen mit einer biegsamen Rute einen Streich aufs Gesäß. Für geringere Vergehen, wie das Vergessen der Hausaufgaben oder des Unterrichtsmaterials, bekam man eine „Tatze". Man musste nach vorne kommen und den Arm mit der offenen Handfläche nach oben ausstrecken. Der Lehrer schlug dann mit dem Stock auf die Hand. Auf dem Gymnasium gab es diese rohe Form der Züchtigung nicht mehr. Subtilere Methoden waren aber durchaus geläufig. Ein älterer Lehrer unterrichtete nach dem Motto „Zuckerbrot und Peitsche". Beim Abfragen der Englisch-Vokabeln steckte er dem Schüler, der die Vokabel wusste, ein Stück Brezel in den Mund. Einem Schüler, der versagte, fuhr er mit seinem Schlüssel das Rückgrat entlang, bis er laut aufstöhnte. Eines Tages kam der Sozialkundelehrer mit bedeutungsvoller Miene in den Klassenraum. Er habe uns eine wichtige Information zu übermitteln. Die körperliche Züchtigung von Schülern sei per Gesetz abgeschafft worden. Lautes Gejohle unter uns Sekundanern. Wir fühlten das Goldene Zeitalter angebrochen, obwohl wir in unserer Altersstufe „nur" psychischen Strafmaßnahmen wie Verächtlichmachung oder Stigmatisierung ausgesetzt waren.

Ährenlesen, Heuernte, Treibjagd, Eisgang

Ich erlebte zusammen mit meiner zwei Jahre älteren Schwester eine unbeschwerte Kindheit inmitten unberührter Natur. Im Sommer verbrachten wir die meiste Zeit im Freien, beim Baden im Fluss Kocher, beim Erkunden der Wälder und Wiesen oder beim Stöbern in den Ställen und Scheunen der Bauern. Wir halfen den Bauern auch bei der Ernte. Ich sehe mich noch auf einem von Pferden gezogenen Leiterwagen sitzen, auf dem das geerntete Korn turmhoch aufgeschichtet war. Auf der Tenne der Scheune wurde es dann von Hand gedroschen - von drei Knechten mit Dreschflegeln. Erst nach und nach schafften sich die Bauern elektrische Dreschmaschinen an. Mit meiner Mutter und anderen Frauen gingen meine Schwester und ich über die abgeernteten Felder, um die liegengebliebenen Ähren einzusammeln. Zu Hause puhlten wir die Körner heraus und mahlten sie in einer Kaffeemühle zu Mehl. Auch im nahen Wald hielten wir im Herbst reichliche Ernte. Wir klaubten die unter einer Rotbuche liegenden Bucheckern auf. Das volle Säckchen brachten wir zur nahen Mühle und bekamen als Gegenwert ein kleines Fläschchen mit Bucheckernnöl. Damit verfeinerte meine Mutter die Pfannkuchen, die wir Kinder besonders gerne aßen. Wir sammelten auch Eicheln und die Wurzeln der Wegwarte. Aus beidem konnte man Ersatzkaffee brauen. Den aus der Wegwarte gewonnenen Trank nannte man damals Zichorienkaffee. Als im Zuge des Wirtschaftswunders der Bohnenkaffee erschwinglich wurde, tat man die frühere Köstlichkeit als „Muckefuck" ab.

Als Kind machte ich mir über solche Sammeltätigkeiten keine Gedanken. Später wurde mir bewusst, dass sie der Nachkriegsnot geschuldet waren. Meine Eltern haben in den Jahren 1945 bis 1950 einen großen Teil ihrer Weißwäsche und ihres Geschirrs eingebüßt, als sie es bei Bauern gegen Lebensmittel eintauschten. Ich kann mich auch gut daran erinnern, dass wir in den ersten Nachkriegsjahren das Brot im Gemeinschaftsbackofen der Gemeinde gebacken haben. Das war billiger, als es beim Dorfbäcker zu kaufen. Meine Mutter knetete den Teig, formte den Brotlaib und wir Kinder trugen ihn auf einem Holzbrett mit einem Tuch bedeckt ins "Backhäuschen". Der Backmeister der Gemeinde schob den Laib in den Backofen und gab uns die Zeit an, zu der wir das gebackene Brot abholen konnten. Zu Hause schnitt unsere Mutter jedem von uns Kindern eine Scheibe ab und bestrich sie mit Margarine und Marmelade. Der Geschmack dieser Köstlichkeit hat sich mir tief eingeprägt.

Der Chef der Schraubenfabrik L&C Arnold war Jäger. Einmal im Jahr bejagte er im Herbst mit seinen Jagdfreunden die Wälder auf der Gemarkung unseres Dorfes. Die männliche Jugend lud er ein, als Treiber an der Jagd teilzunehmen. Wir Jungen stellten uns im Abstand von zehn Metern in einer Linie auf und schlugen uns laut rufend und mit Stöcken gegen die Bäume schlagend durch das Dickicht, immer auf die Jäger zu, die am Ende des

Waldstückes auf das aufgescheuchte Wild warteten. Unser Job war damals nicht ungefährlich. Die rote Warnweste für Jäger und Treiber war nämlich noch nicht erfunden. Da konnte man im Dämmerlicht des Waldes schon einmal einen Treiber mit einem Rehbock verwechseln. Zur Mittagszeit gab es in einer Jagdhütte Erbsensuppe mit Würstchen. Am Abend wurde von Jagdhelfern die Strecke ausgelegt: Alle erlegten Tiere wurden in einer Reihe präsentiert. Alle hatten ein Tannenreis im Maul, womit die Jäger ihnen ihren Respekt zollten. Die Männer stießen mit Schnaps auf den Jagderfolg an. Dann beendeten drei Jäger mit Jagdhornklang feierlich die Jagd. Am Abend gab es im Gasthaus „Rößle" für alle Jagdteilnehmer ein Essen. Für uns Jungen war das ein großes Abenteuer. Wir fieberten der Jagd des nächsten Jahres entgegen.

In meiner Erinnerung sehe ich klirrend kalte Winter, die den Fluss Kocher zu Eis erstarren ließen. Jung und Alt vergnügten sich auf dem Eis. Mit Schlittschuhen konnte man bis in die Nachbarorte gleiten. Am Ernsbacher Badeplatz, wo der Fluss wegen eines Wehrs besonders breit ist, markierten wir mit Asche oder Zweigen ein Feld und spielten darauf Eishockey. Bis zur Erschöpfung tobten wir uns aus. Wir wussten, dass die Zeit kostbar war. Denn schon bald schlug die Feuerwehr Alarm: Tauwetter war im Anzug. Ende Februar gab es einen mächtigen Eisgang. Riesige Schollen Eises trieben den Fluss hinab. Sie führten kleine Bäume mit, die sie aus der Uferbepflanzung gerissen hatten. Auf den Eisschollen sitzend, pickten Krähen nach toten Fischen. Viele Ernsbacher schauten von der

Kocherbrücke dem wilden Naturschauspiel zu. Wenn die Schnee- und Eisschmelze besonders heftig ausfiel, wurden die Kocherwiesen überschwemmt, so dass sich eine riesige Wasserlandschaft bildete. Wenn man an einem Fluss wohnt, rücken die Naturgewalten nah an den Menschen heran.

In der Nachkriegszeit wurde in den meisten Häusern unseres Dorfes noch mit Holz und Kohle geheizt. Holz gab es in meiner waldreichen Heimat genug. Im Gasthof „Traube" wurde das eingeschlagene Holz für Brennholz an die Bürger versteigert. In der Sprache der Forstwirtschaft heißen die Holzschläge „Lose". Der Förster gab die Lose bekannt, in denen Holz geschlagen wurde und zur Abholung bereitstand. Die geografische Lage der Lose war den Dorfbewohnern bestens bekannt. Auch wir Kinder kannten einzelne Waldgebiete, weil sie ungewöhnliche Namen hatten, wie z.B. „Pfaffenklinge" oder „Hasensprung". Die Maßeinheit für das zu kaufende Holz war der Festmeter, also ein Würfel mit den Maßen eines Meters. Wenn mein Vater den Zuschlag für ein Los bekommen hatte, gab er einem Bauern den Auftrag, das Holz mit seinem Pferdefuhrwerk abzuholen. Mein Vater und ich fuhren mit, um dem Bauern beim Beladen zu helfen. Auf unserem Grundstück wurde es dann trocken gelagert und von meinem Vater den ganzen Herbst hindurch mit Säge und Beil zu handlichen Scheiten verarbeitet. In der Holzhütte, die hinter unserem Haus stand, wurden sie für den Winter aufgeschichtet. In unserem Wohnzimmer stand ein Kachelofen, den man von der Küche aus beheizte. Über Luftkanäle wurden andere Zimmer – auch in der zweiten Etage – mit Warmluft versorgt. Das knisternde Holzfeuer entfaltete eine wohlige Wärme. In eine Kammer des Ofens legten wir im Winter in Alufolie eingewickelte Äpfel, die durch die Hitze gegart wurden und einen unvergleichlichen Duft verströmten. Holznachschub aus der Holzhütte ins Haus zu holen, war eine ständige Aufgabe für mich und meine Schwester. Erst in den 1960er Jahren hielt der technische Fortschritt bei uns Einzug. Eine Ölheizung wurde eingebaut. Sie machte der heimeligen Holzwirtschaft meiner Familie ein Ende.

Meine Eltern hatten aus der Erbmasse des Bauernhofes, dem meine Mutter entstammte, ein Obstgrundstück geerbt. 1953 bauten sie darin ein Zweifamilienhaus. In der zweiten Wohnung wohnte nach ihrer Verheiratung meine Schwester mit ihrer Familie. Im Garten standen viele Obstbäume, die alte Apfelsorten trugen. Leider wurden diese später von modernen Züchtungen verdrängt. Die Äpfel hatten klingende Namen: Gravensteiner, Goldparmäne, Herbstrenette, Blutstreifling und Boskop. Im Herbst wurden die Äpfel geerntet und im Keller für den Winter eingelagert. Von Obstbauern der Umgebung kauften wir einige Säcke Fallobst, das wir in der Kelter zu Most verarbeiten ließen. Dort lernte ich, wie die Äpfel gehäckselt, gepresst und der Saft in Fässer abgefüllt wird. Bald standen in unserem Keller zwei große mit Most gefüllte Fässer. Bis kurz vor Weihnachten dauerte die Gärung, die den Obstsaft in alkoholhaltigen Most umwandelte. Solange der Most gärte, was man an der trüben Farbe erkennen konnte, durften wir Kinder ihn trinken. Später tranken ihn nur noch die Erwachsenen. Als ich 16 war, wurde mir zum Abendbrot eine Mostschorle genehmigt. Dieses Getränk ist mir seither als besonders durststillend in Erinnerung geblieben.

Bis in die 1960er Jahre hatten wir keinen Rasenmäher. Wir mussten also das 2.000 m² große Grundstück mit der Sense mähen. Wir orientierten uns am Rhythmus der Landwirtschaft und mähten unsere Blumenwiese im Juni. Morgens um 6 Uhr trat die ganze Familie an und mähte das vom Tau feuchte Gras mit der Sense. Um 10 Uhr hatte die Sonne das Gras so getrocknet, dass das Mähen beschwerlich wurde. Wir vertagten uns deshalb auf den nächsten Morgen. Das gemähte Gras wurde mit der Gabel mehrfach gewendet, damit es gut trocknen konnte. Am Ende der Woche wurde es zu einem großen Haufen aufgeschichtet und von einem Bauern mit dem Fuhrwerk abgeholt. Er verfütterte das Heu im Winter an seine Kühe. Wir hatten bis Juni eine herrliche Blumenwiese mit Glocken- und Mohnblume, Margarite und Hahnenfuß. Als später mit dem Rasenmäher die Technik Einzug hielt, wurde der Rasen kurzgeschoren. Körperliche Erleichterung brachte uns um den ästhetischen Genuss einer blühenden Wiese.

In den ersten Jahren nach dem Krieg hielten wir auf unserem Grundstück ein Schwein. Mein Vater hatte für das Tier extra einen Schweinestall gebaut. Jeden Tag zog er mit einem Korb los, um Brennnesseln zu sammeln. Diese schnitt er mit dem Messer klein und vermischte sie mit Kleie, gestampften Kartoffeln und Wasser. Von diesem nahrhaften Brei ernährte sich das Schwein. Durch die Brennnesseln wurde das Fleisch zart und setzte wenig Fett an. Kurz vor Weihnachten kam der Schlachter und schlachtete das Schwein in unserer Waschküche. Ich fuhr an diesem Tag mit dem Fahrrad „ins Grüne", weil ich es nicht mitansehen konnte, wie unser Schwein, das mir als Hausgenosse ans Herz gewachsen war, getötet wurde. Der Schlachter fabrizierte aus dem Fleisch des Schweins Würste, meine Mutter weckte spezielle Teile in Gläser ein. Beim Metzger mieteten wir einen Räucherschrank und hängten die Schinken an die Haken. Nach einigen Tagen konnten wir die Räucherware abholen. Fast ein ganzes Jahr aßen wir vom Ertrag unseres Hausschweins. Seit diesem Schlachterlebnis gehört Fleisch nicht zu meinen bevorzugten Nahrungsmitteln. Ich war damals der Zeit voraus, weil der Fleischgenuss im Wirtschaftswunderland ein Statussymbol darstellte. Heute könnte man Jugendliche mit Eisbein und Schlachtplatte in die Flucht schlagen.

Hinter dem Schweinestall hatten wir noch einen Hühnerstall mit einem großen umzäunten Auslauf für das Federvieh. Die Hühnerschar bescherte uns frische Eier und ab und zu auch ein Suppenhuhn. Die aufzuwendende Arbeit war gering. Im Freiland ernährten sich die „glücklichen" Hühner von Samenkörnern, kleinen Insekten und Würmern. Als Ergänzung erhielten sie Kraftfutter aus Weizen, Mais und Gerste. Manchmal fuhr ein Habicht in die Hühnerschar und raubte ein Huhn. Das war nicht zu vermeiden, weil der Auslauf zu groß war, um ihn mit einem Netz oder Maschendraht zu überspannen. Eines war unbedingt zu beachten: Wenn die Hühner abends im Stall waren, musste der Einstieg verschlossen werden, damit der Marder nicht eindringt. Marder geraten, wenn sie in einen Hühnerstall gelangen, angesichts des flatternden Federviehs in einen Blutrausch. Dann töten sie bis zu zehn Hühner, fressen aber nur eines. Die dörflichen Verwandten freuten sich, wenn sie ab und zu frische Eier aus der Freilandhaltung erhielten.

Um das damals schmale Taschengeld aufzufrischen, verdingten wir uns als Schüler bei den örtlichen Bauern zu Hilfsdiensten. Im Sommer rückten wir auf die Kartoffelfelder aus, um die frisch geschlüpften Kartoffelkäfer von den Blättern abzusammeln. Die gelb-schwarz gestreiften Käfer und ihre Larven ernähren sich vom Kraut der Kartoffelpflanze. Wenn sie in Massen auftreten, können sie innerhalb kurzer Zeit ganze Felder kahlfressen. Im Geschichtsunterricht habe ich später meinen Schülern erklärt, dass die DDR-Regierung eine Propagandakampagne veranstaltet hat, um die USA für die Einschleppung des Schädlings in die kollektivierte Landwirtschaft der DDR verantwortlich zu machen. Von „Ami-Käfer" und „Colorado-Käfer" war dabei die Rede. Der Hofdichter der SED, Bertolt Brecht, schrieb dazu das passende Propagandagedicht „Für den Frieden": *„Die Amiflieger fliegen/silbrig im Himmelszelt / Kartoffelkäfer liegen / in deutschem Feld."*

Als ich als Kind das Schwimmen lernte, gab es am Kocher oberhalb des Stauwehrs schon das geschlechtergemischte Freibad samt Umkleidekabinen. Meine Mutter erzählte mir, dass sie in ihrer Kindheit noch weitab von den männlichen Wesen der Schöpfung baden musste. Die Männer badeten oberhalb des Wehrs, die Frauen flussabwärts an einer flacheren Stelle, in die man nicht vom Sprungbrett springen konnte. Frauen und Mädchen sollten wohl nur plantschen, Männer und Jungen sich sportlich verausgaben. So waren vor der Gleichberechtigung der Geschlechter die Rollenzuschreibungen.

In meiner Kindheit habe ich viel gebastelt. Zu Weihnachten bekam ich einen Märklin-Baukasten. Nach den Bauanleitungen schraubte ich aus den Metallteilen Bagger, Kräne und LKW zusammen. Später kamen Bastelbögen dazu, aus deren Pappen man Flugzeuge und Schiffe zusammenkleben konnte. Damals enthielten die Bögen noch ungeniert die Flugzeuge der Luftwaffe, wie z.B. die Junkers 52 oder die Messerschmidt 109. Erst in den 1960er Jahren verschwanden diese Flugzeuge aus dem Spielzeugreservoir der Kinder, weil man sich eingehender mit den Verbrechen der Wehrmacht beschäftigt hatte. Auch wenn ich später keinen technischen Beruf ergriff, kamen mir die Eigenschaften, die man beim Basteln entwickelt, im Leben zugute. Als Autor konnte ich mich gut auf ein Projekt fokussieren und es mit Beharrlichkeit zu Ende führen.

Ende der 1950er Jahre kamen die ersten Gastarbeiter, Italiener aus Sizilien, in mein Heimatdorf. Sie waren von der Schraubenfabrik angeworben worden, weil ihr im beginnenden Wirtschaftswunder die Arbeitskräfte ausgingen. Die Italiener wurden, als sie dem Postbus entstiegen, von singenden und Fähnchen schwenkenden Schülern begrüßt. Sie integrierten sich blendend in die dörfliche Gemeinschaft und nahmen sogar schwäbische Gepflogenheiten an. Sie heirateten deutsche Frauen, kauften Fachwerkhäuser, die sie liebevoll renovierten, traten den Vereinen bei und galten als "unsere Italiener". Der Italienkult, der im ganzen Land ausbrach, zeigte sich auch in Ernsbach. Die italienischen Hits der Schlagermusik, wie "Va bene", "Taschau, tschau, Bambina" und "Arrivederci, Roma", tönten aus den Musik-Boxen unserer Dorfkneipen. Auf Dorffesten wurden sie von den Musikgruppen gespielt. In Öhringen und Künzelsau ging man "zum Italiener", wenn man einen gemütlichen Abend mit Pizza Margarita, Spaghetti Vongole und Vino Rosso erleben wollte. Die gleiche freundliche Willkommenskultur galt auch der zweiten Welle der Gastarbeiter, den Spaniern und Griechen. Auch sie wurden in Schlagern besungen: "Das machen nur die Beine von Dolores" und "Griechischer Wein". Unserer Fußballmannschaft taten die eleganten Fußballer aus dem Süden gut. Sie brachten eine spielerische Note in den rauen Kampffußball, den die Dörfler zuvor gespielt hatten.

Meine Eltern besaßen nach dem Krieg noch den sog. Volksempfänger, den die Nationalsozialisten nach ihrem

Machtantritt 1933 bei der Industrie in Auftrag gegeben hatten. Als wichtigstes Propagandainstrument der NSDAP war das Gerät in allen Haushalten Pflicht. Im Volksmund wurde es „Goebbels-Schnauze" genannt. Anfang der 1950er Jahre kauften meine Eltern ein voluminöses Rundfunkgerät der Marke Grundig, dessen Frontseite mit Stoff bespannt war. Ein grünes Auge zeigte an, wann die Röhren aufgeheizt waren. Erst dann war das Gerät empfangsbereit. Nach den Nachrichten und dem Wetterbericht kam stets der Suchdienst des Deutschen Roten Kreuzes zu Wort. Ein Sprecher verlas die Namen vermisster Soldaten und bei der Flucht vor der Roten Armee verschollener Zivilisten. Zeugen wurden gesucht, die über den Verbleib der Personen Aufschluss geben konnten. Solche Meldungen regten natürlich die kindliche Phantasie an. Ich hatte Gräber mit Kreuzen aus Birkenholz in der Steppe Russlands vor Augen. Ich sah Kinder, die nach einem Fliegerangriff auf einen Flüchtlingstreck auf der Suche nach ihren Eltern umherirrten. Auch heute noch - 76 Jahre nach Ende des Zweiten Weltkriegs - stellen jedes Jahr viele tausend Menschen Anfragen zur Suche und Schicksalsklärung kriegsvermisster Angehöriger. Die zentrale Namenskartei des Suchdienstes umfasst inzwischen 50 Millionen Karteikarten. Auch meine Familie hat den Ort, an dem mein Onkel Gottlieb begraben liegt, nur durch den Suchdienst des DRK erfahren. Es handelt sich um die Gemeinde Roßlau bei Dessau (Sachsen-Anhalt).

„Wir sind durch Deutschland gefahren ...“

Mit 14 Jahren wurde ich Mitglied bei den Christlichen Pfadfindern (CP). Die Betreuung geschah durch ein älteres CP-Mitglied aus Niedernhall, das uns einmal in der Woche besuchte und anleitete. Wir erhielten eine Ausbildung in Kartenlesen, Kompass-Wandern und dem richtigen Umgang mit dem typischen Pfadfinderzelt, der Kohte. Diese Zeltform stammt aus der Bündischen Jugend, die in der Weimarer Republik auch als „Wandervogel" bekannt war. Ursprünglich war es das Zelt der finnischen Samen. Nach dem Zweiten Weltkrieg wurde die Kohte von allen bekannten Pfadfinderorganisationen übernommen. Typisch für die Kohte ist der fehlende Boden und das offene „Dach". In der Mitte des Zeltes wird ein Feuer entfacht, dessen Rauch nach oben entweichen kann. Einmal versengte ich mir einen Schuh, den ich zum Trocknen auf die Steinumfassung des Feuers gelegt hatte. Einer der Kameraden, die in ihren Schlafsäcken um das Feuer herum lagen, hatte wohl eine unruhige Nacht und sich zu sehr bewegt. Im Sommer machte unsere Pfadfindergruppe Ausflüge in abgelegene Flusstäler, wo wir mit Genehmigung der Bauern auf ihren Wiesen zelteten. Vom Lagerplatz aus erkundeten wir die Umgebung und übten uns im Bestimmen von Bäumen und Pflanzen und in der Beobachtung von Tieren. Auch das Erkennen der Sternbilder gehörte zu unserem Ausbildungsprogramm. Da wir christliche Pfadfinder waren, hielten wir auch kleine Andachten ab, bei denen einer von uns eine Bibelstelle auslegte. In dieser Zeit lernte ich die Fahrtenlieder der

Pfadfinderbewegung, die in dem Liederbuch „Mundorgel"
versammelt waren. Wir sangen sie mit feierlicher Inbrunst
zur Gitarrenbegleitung, wenn wir uns abends am
Lagerfeuer versammelten. Mit zwei meiner Kameraden
machte ich im Alter von 15 und 16 Jahren längere
Radtouren: nach Würzburg, Amorbach und Michelstadt im
Odenwald und an den Ebnisee im Welzheimer Wald. Die
längste Radtour führte uns nach Innsbruck. Dabei mussten
wir den 1.200 Meter hohen Fernpass überwinden. Über eine
Stunde lang schoben wir das voll bepackte Fahrrad bergan,
um auf der anderen Seite 10 Minuten lang abfahren zu
können. Die Heimfahrt machten wir über Bregenz, Basel
und Freiburg. Im Südschwarzwald besuchten wir meine
Eltern, die dort Urlaub machten. Als wir im Hotel
ankamen, herrschte dort eine aufgeregte Stimmung. Die
Gäste saßen im Foyer vor dem Fernseher und schauten
gebannt auf die Mattscheibe. In Berlin hatten Grenztruppen
der Nationalen Volksarmee der DDR die Sektorengrenze
abgeriegelt und damit begonnen, eine Sperrmauer zu
errichten. Es war Sonntag, der 13. August 1961. Damals
ahnte ich nicht, dass ich in der ummauerten Frontstadt
einmal studieren und eine Familie gründen würde.
Inzwischen lebe ich hier schon 51 Jahre.

Die Bibel und Karl May

Nach meinem Eintritt in die Christlichen Pfadfinder wurde
der evangelische Pfarrer unseres Dorfes auf mich

aufmerksam. Er lud mich zum Gespräch und fragte mich, ob ich den Dorfkindern die "frohe Botschaft", wie er sich ausdrückte, vermitteln wolle. Als Gymnasiast war man im Dorf automatisch dazu berufen, Führungsaufgaben zu übernehmen. Jeden Freitagabend holte ich bei ihm zu Hause einen Zettel ab, auf dem die Bibelstelle vermerkt war, die ich den Kindern auslegen sollte. So lernte ich biblische Geschichten und Gleichnisse kennen, die mir vorher fremd gewesen waren. Der Kindergottesdienst war die erste "pädagogische" Aktivität in meinem Leben. Einige dieser Geschichten, wie z.B. "Kain und Abel" oder das "Gleichnis vom verlorenen Sohn", habe ich später als Deutschlehrer im Unterricht besprochen, um den Schülern die darin enthaltenen Lebensweisheiten und die bildkräftige Sprache Martin Luthers nahezubringen. Während des Kindergottesdienstes spielte ich auch die Orgel. Ich hatte ab dem 10. Lebensjahr bei meinem Onkel, der nebenberuflich als Musiklehrer tätig war, das Akkordeonspiel gelernt. Das Instrument beherrschte ich bald so gut, dass ich auch auf einem anderen Tasteninstrument spielen konnte. Pfadfinder, Kindergottesdienst, Musik: Wie es für Aufsteigerkinder typisch ist, wollte ich viele Dinge kennen lernen und ausprobieren. Aus der Enge ins Weite hieß mein Motto. Die Ziele Abitur und Studium verlor ich dabei nie aus den Augen.

Der Glaube an das kirchlich vermittelte Christentum ging mir allmählich verloren. Aus der evangelischen Kirche trat ich während des Studiums aus. Als der Vietnamkrieg auf dem Höhepunkt war, verteilten wir vor der Kirche Flugblätter mit dem Slogan "Amis raus aus Vietnam". Darin schrieben wir, dass Jesus auf der Seite der Kinder im Dschungel Vietnams wäre, die von amerikanischen Bombern mit Napalm getötet werden. Von empörten Christen wurden wir mit Regenschirmen traktiert, weil wir ihren Weihnachtsfrieden gestört hatten. Da merkte ich, dass es nicht mehr meine Kirche war. Weltanschaulich bin ich heute Agnostiker, glaube also nur an das, was man mit dem Verstand und den fünf Sinnen erfassen kann.

Ich komme aus einem Elternhaus, das man heute als "bildungsfern" bezeichnen würde. Im Wohnzimmerschrank gab es außer der Bibel, einem Gartenbuch und einigen Liebesromanen, die meine Mutter las, keine Bücher. Umso mehr stürzte ich mich in die Lektüre von Büchern aller Art. Es gab für mich eine Welt zu entdecken. Ich las vor allem Abenteuerbücher, durch die ich meiner Fantasie freien Lauf lassen konnte. Das waren die Romane von Karl May, "Lederstrumpf" von James Fenimore Cooper und "Die Abenteuer des Tom Sawyer" von Mark Twain. Mit 16 Jahren las ich die Trilogie von Theodor Plievier "Berlin", "Moskau" und "Stalingrad" und "Arc de Triomphe" von Erich Maria Remarque. Ich hatte einen guten Draht zu der älteren Dame, die in unserem Dorf die Gemeindebibliothek betreute. Sie schätzte mich als Leseratte und gab mir mehr Bücher mit nach Hause, als in den Ausleihregeln vorgesehen waren. Da sie sehr gebildet war, konnte ich mit ihr gut über den Lesestoff diskutieren. In der gymnasialen Oberstufe verlagerte sich die Lektüre auf die Bücher, die man der Weltliteratur zurechnet, die Romane von Tolstoi, Dostojewski, Hemingway und Zola. Natürlich las ich auch die Bücher, die im Deutschunterricht besprochen wurden. Damals war es noch üblich, dass Schüler die Romane, Erzählungen und Dramen der Schriftsteller ganz lesen mussten. Im Unterricht Häppchen-Literatur zu verabreichen, war verpönt. So konnte ich, als ich mit dem Germanistikstudium begann, auf eine reichhaltige Lektüre deutscher Literatur zurückgreifen.

In Öhringen gab es damals das Lichtspielhaus „Scala", das sich bis heute gehalten hat. Es war kein Programmkino, wie wir es von der Großstadt kennen. Es liefen nur Filme, mit denen sich Kasse machen ließ. Ich liebte Wildwestfilme wie „Zwölf Uhr mittags" mit Gary Cooper und „Der schwarze Falke" mit John Wayne. Aber auch Abenteuerfilme, die man damals als Straßenfeger bezeichnete, wie „Soweit die Füße tragen". Einmal machte in meiner Klasse die Nachricht die Runde, im „Scala" sei bald ein Sex-Film aus Schweden zu sehen, der bereits in anderen Städten einen Skandal ausgelöst habe: „Das Schweigen" von Ingmar Bergman – freigegeben ab 18 Jahren. Da ich erst 17 war, lieh ich mir von meinem Vater ein Jackett und eine Krawatte, um mich auf älter zu trimmen – mit Erfolg. Klopfenden Herzens und mit feuchten Händen schaute ich auf die Leinwand. Verglichen mit heutigen Sexszenen sind die erotischen Passagen des Films harmlos – damals galten sie als sensationell. Einmal in der Woche kam ein Filmvorführdienst aus der Stadt zu uns aufs Dorf. Im Tanzsaal des Restaurants „Rößle" wurden Leinwand und

Projektor aufgebaut und die Filme abgespult. Ich kann mich an den Streifen „Der Tiger von Eschnapur" von Fritz Lang erinnern, den ich zusammen mit meiner Mutter und meiner Schwester sah. Allein ging ich in „Die Brücke am Kwai" mit Alec Guinness. Der Film handelt von einem spannenden Abenteuer während des Zweiten Weltkriegs in Indochina. Cineastisch waren diese Filme Durchschnittsware, die Spannung, die sie vermittelten, drückte uns jedoch tief in die Kinostühle.

Rebellion im Ländle

Als ich 1966 Abitur machte, war von der antiautoritären Studentenbewegung noch nichts zu spüren. In meiner Abiturklasse gab es nur einige wenige Schüler, die sich für Politik interessierten. Die Interessen der meisten Jungen galten dem Sport, schnellen Autos und Mädchen. Auch ich begann mich erst kurz vor dem Abitur mit politischen Themen auseinanderzusetzen. Ich las den SPIEGEL und diskutierte die brisantesten Artikel mit zwei politisch wachen Freunden. Der SPIEGEL war seit dem Skandal von 1962 (damals wurde der Herausgeber Rudolf Augstein wegen des Verdachts des Landesverrats verhaftet) das Magazin, das kritische Intellektuelle wegen seiner Enthüllungsgeschichten lasen. Als ich im Sommersemester 1968 mit dem Studium begann, bildete sich am Hohenlohe-Gymnasium Öhringen ein Kreis linker Schüler, die im Unterricht mit den Lehrern über die Ziele der

Studentenbewegung diskutierten. Sie waren auch Redakteure der Schülerzeitung "Wetterfahne", die bis zu diesem Zeitpunkt ein braves Blättchen gewesen war. Als der Lehrer, der die Redaktion "beriet" - es war eher eine milde Form von Zensur -, einen Text über den Aufklärungsstreifen von Oswald Kolle "Das Wunder der Liebe" ablehnte, weil in ihm Wörter wie "Koitus" und "Orgasmus" vorkamen, gründeten die kritischen Schüler eine neue Schülerzeitung und nannten sie sinniger Weise "Neue Wetterfahne". Vorbild war Karl Marx, der wegen seiner radikalen Artikel die "Rheinische Zeitung" verlassen musste. Mit der "Neuen Rheinischen Zeitung" gründete er einfach eine neue Zeitung. Drei ehemalige Schüler, die inzwischen in Heidelberg und Tübingen studierten - darunter auch ich -, versorgten die kritischen Schüler mit Zeitungen und Flugblättern von den "roten" Hochschulgruppen. Unter ihrem Einfluss wurde aus der "Neuen Wetterfahne" die "Rote Fahne", herausgegeben von der "Roten Zelle Öhringen" (Rotzöhr). Den Namen "Rote Zelle" hatten wir uns von den Universitäten abgeschaut, wo der SDS an den meisten Fakultäten Rote Zellen gegründet hatte. Die Artikel der "Roten Fahne" wurden jetzt nicht nur radikaler, sie befassten sich fast ausschließlich mit allgemeiner Politik. Schulthemen kamen nur noch am Rande vor. Wir schrieben Artikel zum Vietnamkrieg, zu den Notstandsgesetzen und zu den Befreiungsbewegungen in der Dritten Welt. Eine kommunistische Zeitung am alt-ehrwürdigen Öhringer Gymnasium war natürlich ein Skandal. Empörte Bürger fluteten die Leserbriefspalten des

Lokalblatts "Hohenloher Zeitung" und forderten die Schulbehörden auf, die radikalen Schüler der Schule zu verweisen. Die Justiz wurde aufgefordert, die kommunistische Postille zu verbieten. Die Schulleitung schloss drei Schüler für vier Wochen vom Unterricht aus. 1972 ging die Zeitung von allein ein, weil alle Protagonisten inzwischen studierten und keine neuen Sympathisanten nachwuchsen.

Die meisten Lehrer gingen zu unserer Zeitung entschieden auf Distanz. In persönlichen Gesprächen versuchten sie, die Schüler von ihrem Radikalismus zu "heilen" und wieder zur Demokratie zu bekehren. Bei einer Podiumsdiskussion, die wir organisierten, waren immerhin drei Lehrer bereit, mit uns öffentlich zu diskutieren. Darunter war auch mein ehemaliger Deutschlehrer, den ich sehr verehrte. Da die Redakteure der "Roten Fahne" nicht von der Schule flogen, mussten die Lehrer im Unterricht die Diskussion mit ihnen aushalten. Der Umgang mit Schülern, die als radikale Aktivisten unterwegs sind, ist heute das tägliche Brot von Lehrern, vor allem in unseren Großstädten. Damals war das neu und für die Lehrkräfte ungewohnt. Immer wenn ich als Student wieder einmal in Öhringen war, verteilte ich auf dem Pausenhof die "Rote Fahne", bis eines Tages der Hausmeister auf mich zukam und mir einen Schrieb des Direktors unter die Nase hielt. Es war ein unbefristetes Hausverbot. Von da an musste ich die Zeitung auf der Straße verteilen.

Als das Gymnasium im Jahr 1996 die 450-Jahrfeier beging, entdeckte ich in der Festschrift der Schule eine bemerkenswerte Lücke: Der Zeitraum zwischen 1968 und 1972 war komplett ausgespart. Offensichtlich war sich die Redaktion nicht einig gewesen, wie diese brisante Zeit zu bewerten sei. Ich schickte dem Schulleiter eine selbstverfasste Geschichte der "Roten Zelle Öhringen" mit dem Titel "Rebellion im Ländle". Prompt lud er mich zum Festakt der Schule ein. Beim lockeren Ausklang des Festes am Tresen hob der Schulleiter "förmlich" das inzwischen 26 Jahre alte Hausverbot auf. Im Gegenzug überreichte ich ihm ein Exemplar meines Buches über Friedrich Schillers Drama "Die Räuber". Er schmunzelte und meinte, aus den meisten Rebellen von einst sei doch noch etwas Vernünftiges geworden. Im Lokalblatt "Hohenloher Zeitung" veröffentlichte ich 1999 zum 30. Jahrestag der Gründung der "Roten Zelle Öhringen" einen Artikel, in dem ich mich selbstkritisch mit unseren damaligen politischen Verirrungen auseinandersetzte. Ich lobte die Toleranz unserer Demokratie, die auch ehemaligen Rebellen zugute kommt. Die Leserzuschriften fielen dieses Mal wohlwollend aus.

Haarnetz für Soldaten

Vor dem Studium kam der „Ruf zur Fahne": meine Einberufung in die Bundeswehr im Januar 1967. Das war ein tiefer Einschnitt in meinem Leben. Zum ersten Mal verließ ich für längere Zeit das Elternhaus. In der Kaserne fand ich mich in einer rustikalen Männergemeinschaft wieder. Die fünf Kameraden, mit denen ich die Stube teilte, waren meistens Söhne von Arbeitern, Bauern oder Handwerkern. Mit einem angehenden Intellektuellen konnten sie wenig anfangen. Ich war zudem nicht sehr trinkfest. Wenn sie sich nach dem Dienst in der Kantine den Kasernenfrust von der Seele tranken, blieb ich auf der Stube und las Romane. Anerkennung bekam ich, weil ich damals sehr sportlich war und bei allen Gewaltmärschen - einer ging bei sommerlicher Hitze bei voller Montur und Bewaffnung über 50 km - gut mithalten konnte. Außerdem schrieb ich für die Kameraden auf meiner kleinen Reiseschreibmaschine Urlaubsgesuche oder Beschwerden. So bildete sich zwischen uns eine Art von Modus Vivendi. Ich war in Ulm stationiert. Die Wilhelmskaserne war in einer alten Befestigungsanlage untergebracht, die von 1842 bis 1859 errichtet worden war. Im 19. Jahrhundert hatte der Deutsche Bund fünf solcher Landesfestungen gebaut, um das Reich besser verteidigen zu können. Damals war die „Bundesfestung Ulm" die größte Festungsanlage Europas. Der Nachteil war, dass es in den alten Kasematten kühl und feucht war, so dass sich die Soldaten ständig erkälteten. Auch ich landete mit einer Stirnhöhlenentzündung auf der Krankenstation.

Von der Kaserne aus spürte man, dass es in der Gesellschaft gärte. Wir hatten politischen Unterricht, der dazu diente, das Leitbild vom Bürger in Uniform zu festigen. Dort berichtete der Kompanieführer von den studentischen

Protesten gegen den Vietnamkrieg. Am strengen Reglement der militärischen Ausbildung und der soldatischen Hierarchie änderten die Proteste nichts, weil die Bundeswehr ein von der Gesellschaft abgeschotteter Bereich mit eigenen Regeln war. Damals wurden allen Rekruten am Tage ihrer Ankunft in der Kaserne die Haare kurz geschoren. Erst nach der Rebellion von 1968 wurde auf ihre Haarpracht Rücksicht genommen. Es gab den sog. Haarerlass, der vorschrieb, dass die Soldaten im Dienst ihr langes Haupthaar unter einem Haarnetz, was vom "Bund" gestellt wurde, verbergen sollten. Dies geschah aus Sicherheitsgründen, weil man sich mit langen Haaren im Gefecht verletzen konnte. Wenn die Mähne in den Verschluss des Gewehrs geriet, war zudem an einen gezielten Schuss nicht mehr zu denken. Unser Kommandeur erzählte uns, dass die Bundeswehr von den verbündeten NATO-Armeen verspottet würde, weil sie solche Rücksichten auf die Befindlichkeit der Protestgeneration nimmt. Die Bundeswehr wollte alles vermeiden, was nur entfernt an den militaristischen Geist und den stupiden Schliff der Wehrmacht erinnern könnte. Das seit Gründung der Bundeswehr im Jahr 1955 gültige Leitbild vom „Staatsbürger in Uniform" hat aus blinden Befehlsempfängern Soldaten gemacht, die man in ihrer Menschenwürde und ihren Bürgerrechten ernst nimmt und die man auch zu politischem Engagement ermuntert.

An ein Ereignis kann ich mich noch gut erinnern. Im Juni 1967 war der Sechstagekrieg in Palästina. In einer Blitzaktion schlug die israelische Armee die Truppen

Syriens, Jordaniens und Ägyptens vernichtend. Der Hauptmann, der uns beim politischen Unterricht an Landkarten den Kriegsverlauf erläuterte, schwärmte in den höchsten Tönen vom taktischen Geschick und der Feuerkraft der Israelis.

Studium

Bekehrung eines Land-Eis

Für Abiturienten in Baden-Württemberg gab es damals vor allem zwei Universitäten, an denen sie studieren wollten: Heidelberg und Tübingen. Da ich in der gymnasialen Oberstufe schon ein Faible für Gedichte entwickelt hatte, zog mich Tübingen besonders an, weil dort die schwäbischen Dichter Friedrich Hölderlin, Eduard Mörike und Ludwig Uhland im Evangelischen Stift studiert hatten. In Tübingen lehrten damals Walter Jens und Ernst Bloch, die bei ihren Vorlesungen über 1.000 Studenten ins Auditorium Maximum lockten. Ich wohnte "möbliert" bei einer älteren Dame, die mir schon am ersten Tag die Spielregeln verdeutlichte: keine laute Musik, Einhaltung der Kehrwoche, also das turnusmäßige Fegen des Treppenhauses, und kein Damenbesuch nach 20 Uhr. Wohngemeinschaften, wie ich sie später in Berlin erlebte, waren in Tübingen äußerst selten. Die Studentenwohnheime hatten lange Wartelisten. Ich erweichte die strenge Vermieterin, indem ich ihr meine Freundin vorstellte. Sie brachte der Hauswirtin auch artig ein Geschenk mit. Danach stockte die Dame die Sperrstunde bis 22 Uhr auf. Ich lernte: Auch in der Brust von gestrengen schwäbischen Hausfrauen schlägt ein mitfühlendes Herz. Nach einem halben Jahr stellte sie mir einen Teller mit einem Stück Kuchen vor die Tür. Da wusste ich, dass ich als Mieter endgültig akzeptiert war.

Meine Studienfächer Deutsch und Geschichte verdanke ich zwei vorbildlichen Lehrern meines Gymnasiums. Der Deutschlehrer vermittelte die deutsche Literatur mit Sachkenntnis und Leidenschaft. Am Nachmittag bot er einen freiwilligen Literaturarbeitskreis an, in dem wir Texte lasen, die für den regulären Deutschunterricht zu schwer waren, z.B. die Parabeln von Franz Kafka und die Novellen von Heinrich von Kleist. Am Abend hielt er in der Volkshochschule Vorträge über die berühmtesten deutschen Dichter. Ich besuchte sie alle und schrieb eifrig mit. Die Aufzeichnungen besitze ich noch heute. Der Geschichtslehrer besuchte mit uns häufig historische Stätten: den römischen Limes, der quer durch Schwaben verlief, und die Götzenburg in Jagsthausen, wo wir unsere Hand in die kunstvoll geschmiedete Eisenhand des Ritters stecken durften. Uns fiel damals auf, dass unsere Hände gar nicht in die Metallprothese passten. Im 16. Jahrhundert waren die Menschen um einiges kleiner als heute, was sich auch an zierlicheren Gliedmaßen zeigte. Wegen solch spannender Ausflüge liebten wir unseren Geschichtslehrer. Was heute pädagogisches Allgemeingut ist, konnte man damals schon spüren: Lehrer wirken durch ihre fachliche Kompetenz und durch die Leidenschaft, mit der sie den Lernstoff vermitteln.

Mein erstes Semester fiel zusammen mit dem Beginn der heißen Phase der antiautoritären Studentenbewegung. Auslöser war der Mordanschlag auf Rudi Dutschke am 11. April 1968 in Berlin. Der Antikommunist Josef Bachmann hatte auf dem Berliner Kurfürstendamm mit einer Pistole auf den Studentenführer geschossen und ihn schwer verletzt. Der Sozialistische Deutsche Studentenbund (SDS) rief die Studenten aller Universitäten und Fachhochschulen im ganzen Land zu Protestdemonstrationen auf. Diese turbulenten Tage gingen als Osterunruhen in die bundesdeutsche Geschichte ein. In 27 Städten gingen die Studenten auf die Straße, zahlreiche Auslieferungsstellen der BILD-Zeitung wurden blockiert, Fahrzeuge umgekippt und die Zeitungen in Brand gesetzt. Die Studenten machten die Springer-Presse wegen ihrer Hetze gegen die linken Studenten für den Mordanschlag auf Dutschke verantwortlich. "Stoppt den Terror der Jung-Roten jetzt!" lautete damals eine der BILD-Schlagzeilen. Die Unruhen waren so heftig, dass 20.000 Polizisten aufgeboten werden mussten, um die demonstrierenden Studenten in Schach zu halten.

Mein Studienbeginn hätte also nicht turbulenter sein können. Ich kam frisch von der Bundeswehr, wo ich zwar ab und zu Radio gehört hatte, über das Zeitgeschehen aber nur lückenhaft informiert war. Kein Rekrut hat in der Kaserne Zeitung gelesen. Auf dem Gemeinschaftsfernseher sah man nur Spielfilme und Sportübertragungen. Zum ersten Mal erlebte ich linksradikale Studenten während einer Hölderlin-Vorlesung von Professor Friedrich Beißner.

Er betreute damals die wissenschaftliche Gesamtausgabe von Hölderlins Werken und galt als Koryphäe. Ein Trupp von SDS-Aktivisten besetzte das Podium und verdrängte den betagten Professor vom Mikrophon. Dann riefen sie das Auditorium wegen des Dutschke-Attentats zum Proteststreik auf. Die Meinung der Studenten war geteilt. Ein Kommilitone verlangte eine Abstimmung, was der "Genosse" am Mikrophon brüsk zurückwies. Der Assistent des Professors brach darauf die Vorlesung ab und geleitete den gebrechlichen Professor aus dem Saal. Im Foyer herrschte ich eine rothaarige SDS-Genossin an: "Ist das eure Vorstellung von Demokratie? Nötigung statt Abstimmung?" - Ihre Antwort: "Reg´ dich ab, Kommilitone. Wir haben eine inhaltliche Vorstellung von Demokratie und keine formale, wie sie in der bürgerlichen Gesellschaft üblich ist. Ich kann´s dir jetzt nicht erklären. Komm einfach zu uns ins Clubhaus." Die heutige "Cafeteria Clubhaus" war damals schon der Sitz des AStA, der wie die meisten Studentenvertretungen an den Hochschulen vom SDS gekapert worden war. Aus Neugier ging ich tatsächlich hin und nahm an den Diskussionen teil. Es ging um den Vietnamkrieg, die Hetze der Springer-Presse und die bevorstehenden Notstandsgesetze. Ich las die Flugblätter und Zeitungen des SDS und wurde mit den politischen Inhalten der Protestbewegung immer vertrauter. Bald merkte ich, dass sich meine feindselige Haltung nach und nach verflüchtigte und einer zaghaften Sympathie wich. Was mich am meisten beeindruckte, war das selbstbewusste und lässige Auftreten der jungen Männer und Frauen. Ihr selbstsicherer Habitus war ansteckend. Im Wochenrhythmus legte ich meine biedere Kleidung ab, mit der mich meine Eltern noch voll Stolz ausstaffiert hatten, und legte mir im Ami-Shop die SDS-"Uniform" zu: ausgewaschene Jeans, buntes Holzfällerhemd, Weste, Militärparka. Dass wir gegen den US-Imperialismus zu Felde zogen, tat unserer Vorliebe für US-Artikel keinen Abbruch. Wir hörten ja auch begeistert die Musik der großen US-Bands "Led Zeppelin", "Pink Floyd", "Steppenwolf" und "Creedence Clearwater Revival". Ich ließ mir die Haare bis auf die Schulter wachsen, was bei meinen Eltern und dörflichen Verwandten einen kleinen Schock auslöste. Auf meinen VW-Käfer klebte ich das Symbol der Wehrdienstverweigerer, einen umgekehrten Soldatenhelm, aus dem eine Blume sprießt. Ich hatte nämlich inzwischen den Wehrdienst verweigert, was der Militärkommission einen gewissen Respekt einflößte. Nach Ableistung des Dienstes konnte ich schließlich kein Drückeberger sein. Im Dorf machten die konservativen Bauern finstere Mienen, wenn ich mit dem Peace-Abzeichen auf der Karosserie durchs Dorf fuhr. Da ich aber am Wochenende für die Fußballmannschaft Tore schoss, nahm man mich für einen "sonderbaren Vogel", der halt an der Uni verdorben worden war. Im Vereinslokal spielte ich auf dem Akkordeon Kameradschaftslieder, bis die wackeren Sportskameraden wegen des Alkoholpegels nicht mehr singen konnten. Am Montag früh fuhr ich mit meinem VW-Käfer wieder nach Tübingen, um schon am Nachmittag im "Clubhaus" wieder mit der rothaarigen

Genossin zu diskutieren. Die Strategie des SDS war simpel. Alle Mitglieder und Sympathisanten sollten sich in ihren Fachbereichen organisieren und Rote Zellen bilden. Über diese ideologischen Brückenköpfe wollte man näher an die Studenten herankommen, um sie für die geplanten Kampagnen zu gewinnen. Mein erstes Semester verlief chaotisch, weil ständig Seminare oder Vorlesungen vom SDS gesprengt wurden. Häufig wurde in Tübingen und im nahen Stuttgart demonstriert. Eine Vietnam-Kundgebung auf dem Tübinger Holzmarkt war die erste politische Protestversammlung, an der ich teilnahm. Danach wurde ich Mitglied im Sozialistischen Deutschen Studentenbund (SDS).

In der antiautoritären Studentenbewegung spielten Drogen eine große Rolle. Sie dienten der Bewusstseinserweiterung und Erkundung neuer seelischer Dimensionen. Bei Rock-Konzerten waren sie unentbehrlich. Ich habe nur ein einziges Mal Marihuana konsumiert. Das war bei einem Konzert der Berliner Anarcho-Band "Ton Steine Scherben" in der Tübinger Mensa. Den Joint bekam ich von einem Kumpel, der darin Experte war. Die Wirkung des "Stoffes" erlebte ich nicht gerade als bewusstseinserweiternd. Der SDS ging locker mit dem Drogenkonsum um, galt er doch als Ausdruck des Unangepassten und Antiautoritären. "High sein, heißt frei sein" hieß einer der gängigen Slogans. In den kommunistischen Organisationen, die aus dem SDS hervorgingen, waren Drogen hingegen verpönt, weil sie den klaren Verstand vernebelten, der für die politische Arbeit nötig war. In Berlin entstand 1969 der "Zentralrat der umherschweifenden Haschrebellen", der sich der linksradikalen Gruppe "Tupamaros West-Berlin" zuordnete. Wir verachteten diese Gruppen, weil sie mit ihrer Drogenverherrlichung und ihren chaotischen Aktionen das Bild der Linken in der Bevölkerung negativ prägten.

In dieser Zeit lernte ich auch die Pop-Musik kennen, die zur kulturellen „Ausstattung" der Protestbewegung gehörte. Vor allem die „Rolling Stones" hatten es mir angetan, weil sie mit ihren rebellischen Songs das Feeling der Bewegung besonders stimmig ausdrückten. Auf Partys tanzten wir wild zu „Street Fighting Man" und „I Can't Get No Satisfaction". Im dritten Hörfunkprogramm des Südwestfunks Baden-Baden lief damals das Radio-Jugendmagazin „Pop Shop", in dem aktuelle Rock'n' Roll- und Blues-Platten aufgelegt wurden. Auch die Musiksendungen im AFN (American Forces Network) waren bei den Studenten sehr beliebt. In meinen Käfer baute ich eine Stereoanlage ein, die mich bei meinen Über-landfahrten mit den Songs von Bob Dylan, Joan Baez, Leonard Cohen, Cat Stevens und Donovan berieselte. Nicht nur über den Wolken kann die Freiheit grenzenlos sein.

Auf den Spuren der schwäbischen Romantik

An heißen Sommertagen fuhren die Tübinger Studenten auf dem Neckar unterhalb des Hölderlinturms gerne Stocherkahn. Häufig vergnügten sie sich auch an den

Baggerseen, die es in den Flussauen Richtung Rottenburg gibt. Sie sind durch geflutete Kiesgruben entstanden. Mit Freunden wanderte ich zur Wurmlinger Kapelle, die auf dem 474 m hohen Bergkegel thront. Von dort hat man eine phänomenale Aussicht auf Tübingen, das Neckartal und die Schwäbische Alb. Der schwäbische Dichter Ludwig Uhland hat der barocken St.-Remigius-Kapelle, die aus dem 17. Jahrhundert stammt, ein populäres Gedicht gewidmet:

Die Kapelle

Droben stehet die Kapelle,
Schauet still in's Thal hinab,
Drunten singt bei Wies' und Quelle
Froh und hell der Hirtenknab'.

Traurig tönt das Glöcklein nieder,
Schauerlich der Leichenchor;
Stille sind die frohen Lieder,
Und der Knabe lauscht empor.

Droben bringt man sie zu Grabe,
Die sich freuten in dem Tal;
Hirtenknabe! Hirtenknabe!
Dir auch singt man dort einmal.

Als jugendbewegter Rebell konnte ich die Botschaft des Gedichts - „Memento mori" - noch nicht nachvollziehen.

Das Mekka der Bewegung: Berlin

In den Semesterferien machte ich mit einigen Kommilitonen eine Reise nach Berlin. Die Stadt gefiel mir so gut, dass ich beschloss, nach der Zwischenprüfung Tübingen zu verlassen, um das Studium an der Freien Universität Berlin fortzusetzen. Mich lockte vor allem die entwickelte politische Szene an der Freien Universität, mit der die Provinz-Uni in Tübingen nicht mithalten konnte. Im Herbst 1970 fuhr ich mit meinem "Käfer" und meinen wenigen Habseligkeiten in die ummauerte Stadt West-Berlin. Am Schwarzen Brett des Germanischen Instituts waren zahlreiche Zettel mit Angeboten für Zimmer in Wohngemeinschaften angepinnt. Bei der Vorstellung in einer WG ging es immer zuerst um die Frage: "Wo stehst du politisch?" - Dass man links eingestellt war, galt als selbstverständlich. Wichtig war, welcher Fraktion oder Gruppierung der Linken man angehörte: den Moskau-Kommunisten, Spontaneisten, Anarchisten oder den Roten Zellen. Ich fand schließlich eine WG, in der Mitglieder der "Rotzeg" (Rote Zelle Germanistik) wohnten. Aus einer Fraktion der Roten Zellen ging der Kommunistische Studentenverband (KSV) hervor, der sich dem maoistischen Lager zurechnete. Nach einem halben Jahr Probezeit wurde ich in diesen Verband kooptiert, und zwar nach einem peniblen Aufnahmegespräch, in dem meine ideologische Standfestigkeit überprüft wurde. Der Maoismus zog viele junge Sozialisten an, weil er vermeintlich die Kinderkrankheiten des Moskauer Kommunismus, ideologische Erstarrung und überbordenden Bürokratismus, hinter sich gelassen hat. Die menschlichen Opfer, die der Aufbau des Sozialismus in der Volksrepublik China forderte, blendeten wir aus, um unser neu gewonnenes Weltbild nicht zu gefährden. Wie die Katholische Kirche die Dogmen ihres Glaubens (Zölibat, Ausschluss der Frau vom Priesteramt) zäh verteidigt und gegen moderne gesellschaftliche Entwicklungen abdichtet, schotteten wir unseren weltlichen Erlösungsglauben gegen jegliche Anfechtungen ab. Kritik daran galt als antikommunistische Paranoia.

Haarspaltereien

Neue Mitglieder im KSV wurden mit verantwortungsvollen Aufgaben betraut. Man musste Sympathisantentreffen durchführen, die Verteilung von Flugblättern vor der Mensa organisieren und bei Teach-ins Reden halten. Eine solche Mission traf mich zusammen mit Rüdiger Safranski, als sich 1971 vor der großen 1.Mai-Demonstration die ideologische Auseinandersetzung zwischen den rivalisierenden ML-Parteien zuspitzte. Am Nachmittag arbeiteten wir die Rede aus, die am Abend im Audimax der Technischen Universität gehalten werden sollte. Rüdiger ließ mir den Vortritt. Da die KPD/AO in Berlin die stärkste ML-Partei war, erwartete uns im Saal ein Heimspiel. Jede Partei hatte ihre Bataillone mobilisiert, die sich lautstark bemerkbar machten. Als ich an der Reihe war, versuchten mich die gegnerischen „Truppen" durch

Zwischenrufe aus dem Konzept zu bringen. Unterstützt vom Zwischenbeifall unserer Anhänger brachte ich die Rede ohne Zwischenfall über die Bühne. Die Reden hatten zum Ziel, die Gegner der Abweichung vom wahren Kommunismus zu bezichtigen. Dabei waren uns die Invektiven der historischen Arbeiterbewegung geläufig. War die eine Partei (KPD/ML) „ultralinks", galt die andere (KBW) als „rechtsopportunistisch". Außenstehenden wären die Differenzen, denen wir eine halbstündige Rede widmeten, völlig unverständlich gewesen. Sie hatten genauso wenig mit der gesellschaftlichen Wirklichkeit zu tun wie die Scholastik der mittelalterlichen Gelehrten oder der Abendmahlsstreit zwischen Lutheranern und Calvinisten im 16. Jahrhundert. Zudem war die Behauptung, die ML-Parteien seien „Arbeiterparteien", eine vermessene Anmaßung. In ihren Reihen gab es höchstens ein Dutzend Arbeiter, die meisten von ihnen waren Lehrlinge. Klassische Proleten mit schwieligen Fäusten und derber Diktion suchte man vergebens. Hier ging es den Maoisten nicht anders als den selbst ernannten Avantgarden der Bolschewiki von 1917 (Lenin, Trotzki) und der KPD von 1920 (Karl Liebknecht, Rosa Luxemburg). Alle „Arbeiterführer" waren Intellektuelle. Nach erfolgreich geschlagener ideologischer Schlacht zogen sich unsere Anhänger in die Pizzerien am Stein- und am Savigny-Platz zurück. Mit Lambrusco begossen wir den Sieg.

Wasser und Wein

Wie viele Mitglieder totalitärer Organisationen führte ich ein Doppelleben. Vor den Fabriktoren verkaufte ich die "Rote Fahne", ich selbst las die Romane "bürgerlicher" Autoren wie Thomas Mann oder Theodor Fontane. Der Parteidirektive, proletarische Treue zu beherzigen und die Freundin zu heiraten, konnte ich mich nicht unterwerfen. Viel zu verlockend war es, die Liebe nicht nur mit einem weiblichen Wesen auszuprobieren. Statt auf eine Parteiveranstaltung zu gehen, besuchte ich lieber in der Deutschlandhalle ein Konzert von „Pink Floyd". Statt die kernigen Lieder der Internationalen Brigaden des Spanischen Bürgerkriegs von der Schallplatte abzuspielen, hörte ich die Songs von „Jethro Tull" und der „Incredible String Band". Im Kern praktizierte ich die Devise, die die herrschende Klasse in kommunistischen Staaten schon immer beherzigte: "*Sie tranken heimlich Wein und predigten öffentlich Wasser.*" (Heinrich Heine) Meine Liebesbeziehungen wurden zunehmend komplizierter, weil die Politik immer ein Wörtchen mitzureden hatte. Kurze Zeit war ich mit einer besonders linientreuen Genossin zusammen. Als sie eines Tages neben meinem Bett das "Buch der Lieder" von Heinrich Heine entdeckte, bezichtigte sie mich der ideologischen Abweichung. Ich hätte mich noch nicht völlig vom "bürgerlichen Ballast" befreit. Erst als ich ihr erklärte, dass Heine Sozialist gewesen sei und eine Freundschaft mit Karl Marx gepflegt habe, war sie einigermaßen beruhigt. Ich habe erlebt, dass sich Pärchen, die sich liebten, wegen politischer Differenzen trennten.

Wohnexperimente

Berlin war in den 1970er Jahren das Eldorado der Wohngemeinschaften. Bevor Vermieter ihre Wohnungen leer stehen ließen, gaben sie lieber grünes Licht für Studenten, die eine WG gründen wollten. Einer musste als Hauptmieter fungieren und die pünktliche Mietzahlung garantieren. Die Fluktuation in den Wohngemeinschaften war hoch. Auch ich habe während des Studiums mehrfach die WG gewechselt. Gründe dafür gab es viele. „Genossen", die im selben Arbeitszusammenhang standen, zogen gerne zusammen, um auch in der Freizeit über ihre Projekte diskutieren zu können. Wenn sich ein Pärchen neu gefunden hatte, wollte es natürlich in einer Wohnung leben. In unserer weit verzweigten Organisation gab es deshalb einen regen Wechselbetrieb. Manchmal war auch die Unverträglichkeit der Personen ausschlaggebend, sich eine neue Bleibe zu suchen. In Wilmersdorf wohnte ich einmal mit vier Wohnpartnern in einer WG. Drei von uns waren Männer, zwei Frauen. Ein junger Mann nahm es mit den obligatorischen Diensten nicht sehr genau. Er fand immer neue Ausreden, um sich um den Abwasch zu drücken: Mal musste er dringend vor Siemens Flugblätter verteilen, mal stand eine unaufschiebbare Zellen-Sitzung an. Einer jungen Frau riss schließlich der Geduldsfaden. Sie stellte dem Säumigen den kompletten Abwasch eines Tages vor sein Bett. Solchen rigorosen Umerziehungsmethoden und dem damit verbundenen Dauerstreit wollte ich entfliehen und begab mich auf die Wohnungssuche. Ich hatte Glück und fand die WG, in der ich mich in meiner Zeit als KSV-Mitglied am wohlsten gefühlt habe. Ein sympathisierender linker Anwalt hatte uns eine Villa am kleinen Wannsee im Bezirk Zehlendorf zur Miete überlassen. Die Villa wurde Ende der 1920er Jahre im Stil der Neuen Sachlichkeit erbaut. Der Besitzer hatte als Student im letzten Kriegsjahr 1918 im Hotel Adlon öffentliche Vorträge von Rosa Luxemburg über historischen und dialektischen Materialismus gehört. Er hatte kein Problem damit, seine Villa an linksradikale Studenten zu vermieten.

Wannsee-Villa als Wohngemeinschaft

Unsere WG bestand aus 12 „Genossen", die Hälfte waren Frauen. Es gab drei Pärchen, eines davon hatte ein Kind. Wir lebten wie in einer Kommune. Die Mietzahlung, die jeder zu leisten hatte, staffelten wir nach dem Einkommen. Wer von den Eltern einen üppigen Scheck bekam, musste mehr berappen als ein Bafög-Bezieher. Ein Oberschüler wohnte umsonst. Am meisten musste der Lehrer zahlen, da er über ein hohes Einkommen verfügte. Alles wurde gemeinsam organisiert: einkaufen, kochen, putzen und die Gartenpflege. Wir vergesellschafteten die drei privaten PKW und organisierten einen gemeinsamen Fahrdienst. Wer ein Fahrzeug benötigte, trug am Tag zuvor die Uhrzeit in eine Liste ein. Um Sprit zu sparen, bildeten wir Fahrgemeinschaften. An warmen Sommerabenden saßen wir auf unserer großen Freiterrasse oder lagerten am Strand des Wannsees. Es war eine paradiesische Zeit. Wir fühlten uns, als hätten wir den Kommunismus im Kleinen verwirklicht, dessen Grundsatz Karl Marx in seiner „Kritik des Gothaer Programms" so beschrieben hat: *„Jeder nach seinen Fähigkeiten, jedem nach seinen Bedürfnissen."* – Mir war natürlich klar, dass man dieses Prinzip nur mit Menschen verwirklichen kann, mit denen man politisch konform geht und die einem sympathisch sind. Mit unverträglichen Zeitgenossen würde das kommunistische Experiment scheitern. Als sich die ML-Bewegung auflöste, wurden die Mitglieder unserer WG in alle Winde zerstreut. Wir blieben aber in Verbindung. Im Rhythmus von zehn Jahren trafen wir uns in einem Berliner Restaurant und erzählten uns die

Fortsetzung unserer Lebensgeschichten. Es waren linke Veteranentreffen, die nicht ohne Wehmut verliefen.

Reisen bildet

Fast zwei Jahre war ich als Reisekader unterwegs, um in anderen Städten Zellen des Studentenverbands und der Oberschülerorganisation aufzubauen. Die missionarische Reise führte mich nach Dortmund, München und - Ironie der Geschichte - wieder nach Tübingen. Ich blieb als Student in Berlin eingeschrieben, tingelte aber durch die Lande, um die Kunde vom endlich gefundenen, von Fehlern befreiten Kommunismus unter das Volk zu streuen. Ich wohnte bei irgendwelchen "Genossen" in der WG. Sie vertrauten mir unbesehen, weil wir derselben Organisation angehörten. In München wohnte ich im Eigenheim einer mit uns sympathisierenden Tierärztin. Als sie mit ihrer Familie in die Sommerferien fuhr, überließ sie mir das ganze Haus, obwohl sie mich nur oberflächlich kannte. Wir fühlten uns eben als große Familie. Als Sendbote in der Diaspora besuchte ich die Hochschulen, an denen wir Zellen aufbauen sollten, und diskutierte mit unseren Sympathisanten. Wir nannten es damals „ideologische Schulung". Die Aufbauarbeit war mühsam, weil die Konkurrenz unter den verschiedenen maoistischen Hochschulgruppen groß war. Von den ortsansässigen Kommunisten wurden wir als ignorante Berlin-Importe verspottet.

Mit der Freien Universität Berlin blieb ich in Kontakt, weil ich meine Semesterscheine machen musste. Im Vorlesungsverzeichnis suchte ich in beiden Studienfächern die Seminare aus, die ich für das Examen benötigte. Freunde trugen mich in die Seminarlisten ein und schickten mir ein Verzeichnis der Referate, die die Teilnehmer halten konnten. Ich bereitete mich in der Ferne vor und fuhr zum jeweiligen Referat-Termin nach Berlin. So referierte ich zu der Novelle "Mario und der Zauberer" von Thomas Mann und zum Gedicht "Ganymed" von Johann Wolfgang von Goethe. Wenn statt Referaten Semesterarbeiten möglich waren, schrieb ich diese an meinem jeweiligen Wohnort und schickte sie an den Dozenten. Wenn ich wieder mal in Berlin war, holte ich meine Scheine im Sekretariat des Instituts ab. Vor dem Examen musste ich bei den Professoren, die mich prüfen sollten, persönlich vorsprechen. Ich wohnte ein halbes Jahr in der Besenkammer meiner früheren Kreuzberger Wohngemeinschaft und schrieb in dieser Zeit im Fach Germanistik meine Examensarbeit. Thema war die „Widerspiegelung der Weltwirtschaftskrise von 1929 in der Literatur". Ich interpretierte Hans Falladas Roman "Kleiner Mann - was nun?", Bertolt Brechts Filmdrehbuch "Kuhle Wampe oder: Wem gehört die Welt?" und Richard Euringers Hörspiel „Deutsche Passion". Es fiel mir nicht schwer, den marxistischen Jargon, den ich in meiner politischen Mission gebrauchte, gegen den Duktus der bürgerlichen Wissenschaft zu vertauschen. Auch die mündliche Prüfung ging glatt über die Bühne. Im Reden waren wir geübt und hatten auch gelernt, mit einem selbstsicheren Habitus aufzutreten. In Politikwissenschaft prüfte mich Professor Johannes Agnoli, der mit seinem Buch „Die Transformation der Demokratie" (1967) einen zentralen Text der Außerparlamentarischen Opposition verfasst hatte. Als wir uns im Prüfungsraum begegneten, zwinkerte er mir zu, weil er mich von den Teach-ins im Audimax her kannte.

Im ersten Jahr meines unsteten Wanderlebens hat meine politische Überzeugung noch nicht gelitten. Die Fahrt mit meinem VW-Käfer quer durch die Republik bot ja auch einen Hauch von Abenteurertum. Ein wenig erlebte ich das Gefühl von Fernweh und Entgrenzung, das die Literatur der Romantik feiert. Ich liebte damals die Songs von Hannes Wader. Eines seiner Lieder traf sehr gut mein damaliges Lebensgefühl:

> Heute hier, morgen dort
> Bin kaum da, muss ich fort
> Hab' mich niemals deswegen beklagt
> Hab' es selbst so gewählt
> Nie die Jahre gezählt
> Nie nach Gestern und Morgen gefragt.

Im zweiten Jahr meines Reiselebens beschlich mich immer mehr das Gefühl, an die Ideologie, die ich im Gepäck mitführte, nur noch halbherzig glauben zu können. Als ich in der bayerischen Provinz, in Passau oder Coburg, mit linken Gymnasiasten diskutierte, merkte ich, dass deren

Probleme ganz weit von unseren Weltrevolutionsfantasien entfernt waren. Sie litten unter prügelnden Lehrern, ich vermittelte ihnen die Haltung der KPD zum Metallkonflikt in Nordrhein-Westfalen. Ich konnte die persönliche Lebenssphäre der Schüler und Studenten immer weniger mit der Ideologie, die wir vertraten, in Übereinstimmung bringen. Wenn ich diese Zweifel bei Treffen mit der "Regionalen Leitung" vorbrachte, hieß es, ich würde "vorschnell vor dem Klassenfeind kapitulieren" oder ich sei "von der bürgerlichen Ideologie angekränkelt". Medizin-Metaphern waren in der Strafdiktion der Partei beliebt. Auch das böse Wort „Versöhnlertum", das ich vom Stalinismus kannte, ist bei solchen ideologischen Abrechnungen gefallen. Ich merkte, dass solche Phrasen nur dazu dienten, die Ideologie der Organisation gegen die Wirklichkeit abzuschotten. Dem Philosophen Georg Wilhelm Friedrich Hegel wird die spöttische Bemerkung zugeschrieben: *"Wenn die Tatsachen nicht mit der Theorie übereinstimmen – umso schlimmer für die Tatsachen."* - Dieses Wort trifft immer dann zu, wenn sich Glaubens-gemeinschaften gegen die Realität abschirmen. Bis zum endgültigen Abfall vom Glauben war es bei mir nur noch ein kleiner Schritt. Ich ging ihn, als ich sah, wie unbarmherzig die Führung mit den Genossen umsprang, die schon vor mir die Organisation verlassen hatten. Einige waren meine Freunde und WG-Genossen gewesen. Sie wurden beschimpft, bespuckt, bedroht. Mir wurde klar, dass ich in dem Land, in dem unsere Partei an der Macht ist, nicht hätte leben wollen. In seinem Drama „Dantons

Tod" schildert Georg Büchner eine Kerkerszene. Der Schriftsteller Mercier sagt zum Revolutionär Georg Danton: *„Geht mal euren Phrasen nach, bis zu dem Punkt, wo sie verkörpert werden."* Das wollte ich mit unserer Partei lieber nicht erleben. Ich trat aus dem KSV aus und machte mein Staatsexamen.

„Erkenntnisse finden in Sackgassen statt." (Bertolt Brecht)

Aus heutiger Sicht klingt es befremdlich, dass sich Studenten im Wohlstandsland Bundesrepublik Deutschland dem Kommunismus und Maoismus zugewandt haben. Ich habe später lange über meine Beweggründe nachgedacht. Auch von Freunden und von meiner Familie wurde ich häufig gefragt, warum ich in Studentenzeiten einer so gruseligen Ideologie wie der des Maoismus verfallen war. Ein wichtiges Motiv war für mich ein Gerechtigkeitsempfinden, das vielleicht aus meiner evangelischen Sozialisation resultierte. In der Bergpredigt von Jesus Christus heißt es: "*Selig sind, die da hungert und dürstet nach der Gerechtigkeit; denn sie sollen satt werden.*" Von dem Philosophen Peter Sloterdijk stammt das Bonmot: *„Religionen sind nicht vollständig biologisch abbaubar."* Es ist denkbar, dass ich im Kommunismus eine diesseitige Verwirklichung des christlichen Gerechtigkeits-versprechens sah. Hinzu kam das Gefühl von Kameradschaft, von Zugehörigkeit zu einer Gruppe

Gleichgesinnter. Der Philosoph Theodor W. Adorno spricht vom „Opiat der Kollektivität". Wenn man Mitglied in einer hermetischen politischen Gruppierung ist, fällt es einem schwer, deren weltanschauliche Prämissen zu hinterfragen. Man unterliegt einem Gruppenzwang, der durch die Behauptung, man sei "Elite", veredelt wird. Man empfindet die "Gnadenwahl der Zugehörigkeit" (Adorno), die auch klerikalen Sekten eigen ist. Das Bewusstsein höherer Moral immunisiert diese Gruppen gegen Kritik von außen, so dass die Mitglieder nur noch selbstreferentiell diskutieren. Intellektuelle Redlichkeit und Realitätsbezug werden durch ideologische Treue ersetzt. Bei meinem politischen Engagement spielte sicher auch meine Aufsteigergeschichte eine Rolle – zumindest als unbewusster Antrieb. Die damalige radikale Linke war eine theoriebesessene Bewegung. Die Schriften von Marx, Lenin, Mao Zedong, Lenin, Rosa Luxemburg, Adorno, Herbert Marcuse und Georg Lukács wurden ausgiebig gelesen und in Arbeitskreisen diskutiert. Mein Wissensdrang erstreckte sich also auch auf Autoren, die aus heutiger Sicht totalitäres Denken verbreitet haben. Einen solchen Theorieglauben hat es auch in anderen Jugendgenerationen gegeben. Von Friedrich Hölderlin kennen wir das Zitat: "Kommt aus Gedanken die Tat? Leben die Bücher bald?" Die Zugehörigkeit zur kommunistischen Bewegung bildete einen krassen Gegenpol zu den teilweise beklemmenden Verhältnissen im Heimatdorf und in meiner kleinbürgerlichen Familie. Hinzu kam, dass sich diese Bewegung ähnlich wie die katholische Kirche als weltumspannende Gemeinschaft verstand. Von meiner Käfer-, Knochen- und Federsammlung, die ich als eifriger Gymnasiast angelegt hatte, wurde ich in die große Weltpolitik katapultiert, die sich mit der Blockkonfrontation und den Befreiungsbewegungen in der Dritten Welt befasste. Das gab mir als Teil der Bewegung eine Bedeutsamkeit, die ich im bürgerlichen Studium nie hätte erreichen können.

Bürgerliche China-Verklärung

Die Annäherung der neuen Linken in Westeuropa an den chinesischen Kommunismus erfolgte in einem chinafreundlichen Kontext. Viele bürgerliche Intellektuelle begannen sich für das Reich der Mitte zu interessieren. Wie in der frühen Sowjetunion gab es auch jetzt viele Revolutionstouristen, die das kommunistische Land bereisten und teilweise euphorische Reiseberichte schrieben. Bekannt wurden die Texte des US-Journalisten Edgar Snow, der seinen Reisebericht in den 60er Jahren veröffentlichte. Darin schilderte er die chinesischen Kommunisten als volkstümliche und demokratische Alternative zum versteinerten Kommunismus der UdSSR. Einflussreich wurde auch der Reisebericht des schwedischen Schriftstellers Jan Myrdal „Bericht aus einem chinesischen Dorf" (1966), in dem er die Politik der KPCh mit Sympathie beschreibt. Auch die Kulturzeitschrift „Kursbuch", die in den 1960er Jahren von Hans Magnus Enzensberger herausgegeben wurde, hielt mit ihren

Sympathien für China nicht hinter den Berg. Im Kursbuch 9 von 1967 lobte der Sinologe Joachim Schickel den Anspruch der chinesischen Kulturrevolution, den *„neuen Menschen"* zu schaffen: *„Jede Köchin müsse den Staat lenken können."* Da die Kulturrevolution in China 1966 von Mao Zedong selbst losgetreten wurde, sahen die deutschen Maoisten in China ein Revolutionsmodell im Entstehen begriffen, das die Trennung zwischen Volk und Avantgarde bewusst aufhob, die bislang jedes kommunistische Experiment schwer belastet hatte.

Der Gang durch die Tür ins Freie

Bevor ich aus der maoistischen Organisation aussteigen konnte, stand mir noch eine Prüfung der besonderen Art bevor: die Begründung meines Austritts vor dem Kaderverantwortlichen. Die Genossen waren zu zweit, um sich gegenseitig gegen zu viel Nachsicht zu immunisieren. Vor ihnen saß ein Verräter, der freilich noch vor kurzem ein guter Genosse und zuverlässiger Reisekader gewesen war. Froh bin ich heute noch, dass ich mich nicht heimlich davongeschlichen habe, sondern meinen Austritts-„Prozess" argumentativ bis zum Ende durchgefochten habe. Ich wollte genauso selbstbestimmt aussteigen, wie ich mich vormals der radikalen Gruppierung angeschlossen hatte. Ich wollte zeigen, dass ich kein Opfer war – weder beim freiwilligen Eintritt noch beim Gang durch die Tür ins Freie. Diese Haltung hat mich danach vor der Larmoyanz bewahrt, die man häufig bei den radikalen Mitstreitern von ehemals findet. Wie läuft es, wenn man eine Weltanschauung "ablegt"? Das geschieht nicht so, wie man ein Jackett auszieht. Wie bei den meisten linken Dissidenten in der Geschichte erfolgte auch bei mir der Abschied vom linken Radikalismus nicht abrupt. Er vollzieht sich in einem langsamen, manchmal auch quälenden Ablösungsprozess. Man stellt einzelne Dinge in Frage, weil sie einem abwegig oder unmenschlich vorkommen. Nach und nach schreibt man dann die einzelnen Fehler der Ideologie insgesamt zu. Dann erst ist die Zeit gekommen, sich von der Weltanschauung zu verabschieden. Restbestände blieben noch lange erhalten. Ich kann mich erinnern, dass ich noch als junger Lehrer links fühlte und dachte und mich auch noch in linken Kreisen bewegte.

Neue Einsichten in „Marias Gartenhaus"

Mitte der 1970er Jahre gab es in Berlin viele versprengte Linke wie mich, die aus den ML-Parteien ausgestiegen waren und nun tastend nach neuer weltanschaulicher Orientierung suchten. Über persönliche Kontakte fand ich zu der Zeitschrift "Berliner Hefte", deren Autoren alle in der radikalen Studentenrebellion aktiv gewesen waren. Einige von ihnen erlangten später durch ihre Buchveröffentlichungen eine gewisse Berühmtheit: Rüdiger Safranski, Helmut Lethen, Ares von Braunbehrens, Horst Domdey, Friedrich Rothe und Heinz-Dieter Kittsteiner. Wir diskutierten über Themen, die damals viele Linke beschäftigten: Wer ist für die autoritäre Degeneration des staatlichen Kommunismus verantwortlich? Steht Karl Marx am Beginn der fatalen Ursachenkette, weil er schon 1848 im Kommunistischen Manifest der Diktatur des Proletariats das Wort geredet hat? Kann es heute noch eine Heilsgeschichte geben, die sich auf den Marxismus beruft? Besonders brennend interessierte uns die Rolle des Intellektuellen. Sollte er künftig nur noch scharfsinniger Beobachter der Historie sein oder erneut als Aktivist in den geschichtlichen Prozess eingreifen? Auch mit der ökologischen Herausforderung setzten wir uns auseinander. 1980 erschienen die Grünen auf der politischen Bildfläche und beeinflussten den politischen Diskurs. In einem pädagogischen Beitrag beschrieb ich das Dilemma der Pädagogik in der egalitären Massenschule. Titel meines Essays: „Müssen wir heute schon wieder das machen, was wir machen wollen? Dilemma heutiger Erziehung." (Heft 18, Jahrgang 1981) Beim Wiederlesen des Textes stelle ich fest, dass meine damaligen Positionen nichts an Gültigkeit verloren haben. Ich plädierte für *„Ich-Bildung durch positive Identifikation mit Werten"* und für persönliche *„Autonomie durch Selbstfindung und Eigenverantwortung."* Der heutigen Schule, die unter bürokratischer Reglementierung leidet, täten Selbstfindung und Eigenverantwortung von Schülern und Lehrern gut.

Unsere Zeitschrift bestand von 1976 bis 1981. Die Redaktionsräume befanden sich in einem Hinterhofgebäude der Kantstraße 125 in Charlottenburg.

Die Zeitung starb an mangelndem Leserzuspruch. Vielleicht war die intellektuelle Selbstvergewisserung, die wir betrieben, zu sehr unser eigenes Problem. Nach der Einstellung der Zeitschrift gründeten wir den „Kulturverein Charlottenburg", der sein Domizil in unseren Redaktionsräumen fand. Der Verein organisierte politische Debatten und bot Künstlern aller Art ein Podium für Auftritte. Die Seele des Vereins war Maria Kempas, nach der die Lokalität „Marias Gartenhaus" genannt wurde. Bei Maria spielten Otto Schily und Fritz Teufel Schach, sangen die Geschwister Humpe, sang Gerulf Pannach seinen Hit „Ob im Osten oder Westen" und spielte sein Kumpel Christian Kunert am Klavier die „Arabeske" von Robert Schumann. Es blödelten die Kabarettisten Jockel Tschiersch und Lothar von Versen. Udo Lindenberg hing mit seinem Schlapphut am Tresen. Im Jahr 2003 schloss Maria ihr „Gartenhaus" nach 27 aufregenden Jahren.

Das Gebäude, in dem das „Gartenhaus" lag, hat eine bewegte Geschichte hinter sich. Ab 1908 beherbergte es eine Synagoge des jüdischen Betvereins „Beth Jitzchok". In der Reichspogromnacht am 9. November 1938 hinderte ein NSDAP-Mitglied, das im ersten Quergebäude wohnte, ein SA-Kommando daran, die Synagoge anzuzünden. Der Mann tat es nicht aus Menschlichkeit, sondern zum Selbstschutz: Die Synagoge befand sich inmitten von Wohngebäuden. In den letzten Kriegstagen 1945 verschanzten sich SS-Männer in der ehemaligen Synagoge und lieferten sich mit Soldaten der Roten Armee heftige Feuergefechte, von denen noch immer die Einschüsse in den Mauern des Gebäudes zeugen. Bis heute kann man in Berlin Häuser finden, an denen die Geschichte der Stadt sichtbar ihre Narben hinterlassen hat.

Die Verführbarkeit des Intellektuellen

Was bleibt für mich von "68"? Es ist die Einsicht in die Verführbarkeit von Intellektuellen für radikales Gedankengut. In der Rückschau wird mir bewusst, in wie starkem Maße auch Intellektuelle zu totalitärem, undemokratischem Denken und Handeln neigen können, wenn sie einem gesellschaftlichen Heilsversprechen verfallen sind. Stolz bin ich auf die geistige Verirrung in jener Zeit nicht. Umso wichtiger ist es, dass sich die Alt-68er mit dieser Phase ihres Lebens auseinandersetzen. In Diskussionen mit ehemaligen Genossen habe ich erfahren, wie stark emotionale Abwehr, Scham oder Verdrängung eine ehrliche Auseinandersetzung mit der eigenen Vergangenheit belasten, ja verhindern. Anscheinend fällt es jeder post-totalitären Generation (1945, 1968, 1989) schwer, von den eigenen Lebenslügen zu lassen. Die 68er tun sich deshalb damit schwer, weil sie im Rückblick auf ihre radikale Lebensphase vornehmlich eine „erfüllte Jugend" sehen wollen. Im Rückblick schmerzt mich am meisten, dass durch die Wende vom antiautoritären Protest zur autoritären Kaderpartei viel Freundlichkeit, Humor und Toleranz im Umgang miteinander verloren gegangen sind. Die Verinnerlichung einer totalitären Ideologie führte zur

Verfeindung mit der ganzen Gesellschaft. Von dem Philosophen Helmuth Plessner stammt eine kluge Definition des Radikalismus: *„Radikalismus bedeutet die Vernichtung der gegebenen Wirklichkeit zuliebe einer Idee."* Radikalität bedeute *„Misstrauen gegen Freude und Genuss, Verachtung des Scheins, des Leichten, all dessen, was von selbst geht."* Die „68er" haben dies beispielhaft vorgelebt, als sie die Leichtigkeit des Seins *(„Die Fantasie an die Macht!")* zugunsten ideologischer Rigidität *(„Bestrafe einen, erziehe Hunderte")* preisgegeben haben.

Nachträglich wird mir bewusst, wie leichtgläubig wir Texte der marxistischen Klassiker rezipiert haben, ohne uns das darin enthaltene totalitäre Potential eingestehen zu wollen. In der frühen Schrift "Womit beginnen?" (1901) schreibt Wladimir Iljitsch Lenin: *"Grundsätzlich haben wir den Terror nie abgelehnt und können wir ihn nicht ablehnen."* - Von Mao Zedong kennen wir die Handlungsanweisung: *"Die politische Macht kommt aus den Gewehrläufen."* Der Philosoph Ernst Bloch, dessen Vorlesungen ich in Tübingen beigewohnt habe, verstieg sich zu dem Spruch: *"Ubi Lenin, ibi Jerusalem"* (Wo Lenin ist, da ist das Heil.). Wir haben uns von dem Ziel einer gerechten (kommunistischen) Gesellschaft blenden lassen und nicht sehen wollen, dass in der historischen Realität des Kommunismus Leichen den Weg zum irdischen Paradies pflastern. Später wurde mir auch bewusst, wie fließend die Übergänge von der antiautoritären Protestbewegung zum bewaffneten Kampf der RAF (Rote Armee Fraktion) waren. Viele der militanten RAF-Kämpfer, die schwere Verbrechen begingen, waren anfangs linke Studenten, mit denen man bei 1.Mai-Demonstrationen Seit an Seit marschierte und in der Kneipe am Flipperautomaten stand. Dass sie sich radikalisierten und in den militanten Untergrund abtauchten, lag wohl an ihrer Unduldsamkeit und ihrer Unfähigkeit, sich auf eine langsame Veränderung der Gesellschaft zum Besseren einzulassen. Die große Masse der rebellischen Studenten trat wie ich den „Marsch durch die Institutionen" an. Der Lehrerberuf ist dafür nicht die schlechteste Voraussetzung. Nachträglich kann ich sagen: Die Schule hat mich vor Schlimmerem bewahrt. Im schulischen Alltag sah ich mit Erschrecken den Wirklichkeitsverlust, den wir in den kommunistischen Gruppen erlitten hatten.

In Erinnerungsbüchern ehemaliger Genossen wird ihre Verstrickung in den totalitären Maoismus gerne heruntergespielt. Von „theatralischer Veranstaltung" und „Verbalradikalismus" ist die Rede. Auch der Begriff des „Salonkommunisten", den Ehemalige gerne benutzen, ist fehl am Platze. Als Salonkommunisten bezeichnet man im Westen Menschen aus dem Bürgertum, die aus idealistischer Gesinnung heraus mit dem Kommunismus sympathisieren, ohne die Folgen dieser Weltanschauung am eigenen Leib ertragen zu müssen. Wir waren aber gerade dabei, im Kosmos der eigenen Organisation eine „kleine Hölle" zu etablieren. Der inquisitorische Eifer, den einige Kader dabei an den Tag legten, ließ erahnen, wie der „große Wurf" wohl ausgesehen hätte.

Vertreibung aus dem Paradies

1979 ging ich mit einer Lehrergruppe der GEW
(Gewerkschaft Erziehung und Wissenschaft) auf eine
dreiwöchige Rundreise durch die Volksrepublik China. Die
Berliner GEW war damals stark politisiert. Anhänger des
sowjetischen Kommunismus rivalisierten mit Verfechtern
des Maoismus. Unsere Reisegruppe bestand nur aus
ehemaligen Mitgliedern maoistischer Gruppierungen. Da
es eine offizielle Reise war, hatten wir ein straffes
Programm zu absolvieren. Uns wurde ein Dolmetscher zur
Verfügung gestellt, der fließend Deutsch sprach. Die Reise
hätte ernüchternder nicht ausfallen können. Wir besuchten
Fabriken, Volkskommunen, Schulen und
Kindertagesstätten. In jeder Institution hielten die Polit-
Kader vor versammelter Belegschaft Propagandareden, die
mit gemeinsam skandierten Parolen endeten. Wir erlebten
eine gleichgeschaltete Gesellschaft, die nichts mit den
Hochglanzfotos aus der „Peking Rundschau" zu tun hatte,
von denen uns glückliche Bäuerinnen auf dem Feld
anlachten. Die drückende Armut der Menschen war nicht
zu übersehen. Das Land versuchte gerade, die wirren Jahre
der Kulturrevolution, die von 1966 bis 1976 dauerte, zu
überwinden und das Wirtschaftswachstum wieder
anzukurbeln. Die Auswirkungen der Unruhen waren noch
überall zu sehen. In den Buddha-Tempeln waren den
Götterfiguren Nasen und Hände abgeschlagen worden:
Kulturbarbarei pur. Überall waren an den Wänden noch
Parolen aus der Chaos-Zeit zu lesen: *„Wir, die Roten Garden,
sind bereit, für unseren großen Führer Mao Zedong unseren*

letzten Tropfen Blut zu vergießen." – Der Vorsitzende der KP Chinas hatte selbst den Takt vorgegeben: *„Mit Chaos auf Erden erreicht man Ordnung im Land."* Manch einer aus unserer Reisegruppe empfand Scham, wenn er sich daran erinnerte, dass wir in der BRD solch krudem Gedankengut gehuldigt hatten. Am letzten Tag unserer Reise gab es uns zu Ehren ein festliches Bankett, auf dem ein chinesischer Funktionär und ein Mitglied unserer Gruppe Abschieds- und Dankesreden hielten. Als wir uns von unserem Dolmetscher verabschiedeten, rezitierte er auswendig das Gedicht von Goethe: *„Ich ging im Wald so für mich hin und nichts zu suchen, das war mein Sinn...".* Er hatte in Ost-Berlin an der Humboldt-Universität studiert und war zu einem Verehrter Goethes geworden. Wir waren gerührt. So hat unserer China-Aufenthalt doch noch einen schönen Abschluss gefunden. Danach hatten wir eine Woche Zeit, über unsere Reiseerlebnisse nachzudenken. Wir fuhren mit der Transsibirischen Eisenbahn von Peking über die Mongolei nach Moskau und von dort nach Ost-Berlin. Eine ganze Woche zogen Birken- und Kiefernwälder der Taiga und kleine Dörfer mit bunt bemalten Holzhäusern an unseren Augen vorüber. Die monotone Fahrt bot uns ein meditatives Panoramakino. Diese China-Reise war eine nachträgliche De-Radikalisierungskur, die uns ein für alle Mal gegen Totalitarismen jeglicher Art immunisierte.

Linker und rechter Fanatismus

Meine Eltern waren erleichtert, als ich trotz meiner linken Verstrickungen doch noch Lehrer werden durfte. Die ganze Zeit haben sie gebangt, ob ich nicht auch mit einem Berufsverbot belegt würde, wie es das Schicksal anderer „Genossen" war. Ich kann mich daran erinnern, dass meine Mutter gegenüber der Polizei, die meine aktuelle Anschrift in Berlin erfahren wollte, die Auskunft verweigerte. Sie sagte, der Junge wohne in irgendeiner Wohngemeinschaft, deren Adresse sie selbst nicht wüsste. Sie gehorchte einem mütterlichen Schutzinstinkt. Mir wurde der Strafbefehl wegen der Teilnahme an einer verbotenen Demonstration über Umwege dann doch zugestellt. Ich kann mich daran erinnern, dass mein Vater sich echauffierte, als ich ihn vorwurfsvoll mit seiner SA-Mitgliedschaft konfrontierte. Er meinte lapidar: „Wenn du damals gelebt hättest, wärst du auch ein fanatischer Nationalsozialist geworden". Sie seien damals auch so radikal und von sich überzeugt gewesen wie ich heute. Auf der Ebene der affektiven Hingabe an eine fanatische Weltanschauung hatte er mit seinem Vergleich sicher recht. Als ich mich selbstkritisch mit dem Maoismus auseinandersetzte, fiel mir dieses Wort meines Vaters wieder ein, der aus Schaden klug geworden war. Die schweren Verletzungen, die er im Krieg davongetragen hatte, haben seine Einsicht, dass politische Ideologien von Übel sind, geschärft. Ähnlich schlimme Konsequenzen blieben uns in unserem Fanatismus zum Glück erspart.

Rotes Biotop Berlin

Wenn dieses Buch erscheint, lebe ich 51 Jahre in Berlin. Bis 1989 war West-Berlin eine eingemauerte Stadt, die Studenten und Wehrdienstverweigerer magisch anzog. Das Leben in der "Frontstadt" Berlin war während der Studentenbewegung von starken Kontrasten gekennzeichnet. Durch die Studentenbewegung war die Stimmung stark aufgeheizt. Die Arbeiter waren eher rechts eingestellt. Sie hassten alles, was nur entfernt mit Sozialismus zu tun hatte. Fast alle Berliner Familien hatten unter der Trennung durch die Mauer zu leiden. Bei Demonstrationen bekamen wir oft zu hören: "Geht doch rüber!" und "Ihr seid Ulbrichts Fünfte Kolonne!". Sonst lebte es sich aber gut in West-Berlin. Durch den Wegzug vieler Menschen, denen es zu mühsam war, ständig bei den Grenzkontrollen mit dem Auto in der Schlange zu stehen, waren viele große Wohnungen in bester Lage verfügbar - auch für Studenten. Berlin wurde schnell zur Stadt der Wohngemeinschaften. In ihnen wollten die Bewohner neue Lebensformen ausprobieren. Man wollte gemeinsam Politik machen, privat solidarisch zusammenleben und durch sparsamen Konsum dem Kapitalismus ein Schnippchen schlagen. In Berlin wurden auch die ersten Kinderläden gegründet, in denen eine antiautoritäre Erziehung praktiziert wurde. Auch die Montessori-Schulen nahmen von Berlin ihren Ausgangspunkt. Im Nachhinein kommt mir West-Berlin klein und überschaubar vor, obwohl es zwei Millionen Einwohner hatte. Das lag daran, dass die linke Bewegung eine sozialistische Infrastruktur geschaffen hatte, die es einem erlaubte, unter sich zu bleiben. Es gab linke Kneipen, linke Programmkinos, linke Handwerkerinitiativen, eine linke Musikszene - am bekanntesten war die Anarcho-Band "Ton Steine Scherben" - und linke Fußballmannschaften, die sogar eine "Thekenmeisterschaft" austrugen. Man konnte unter zahlreichen linken Zeitschriften und Zeitungen auswählen und war auf die verpönte "bürgerliche" Presse nicht angewiesen. Vor allem die Springer-Presse straften wir mit Verachtung. In der linken Szene traf man immer auf Gleichgesinnte, mit denen man Projekte diskutieren und verwirklichen konnte. Mit der feindseligen Berliner Arbeiterschaft kamen wir nur in Berührung, wenn wir am 1. Mai zur "Revolutionären Maidemonstration" durch den Wedding marschierten, um die Arbeiter für den Sozialismus zu gewinnen. Den Abend ließen wird dann aber nicht im "Schultheiß-Eck" in der Rathenower Straße in Moabit ausklingen, sondern in der "Dicken Wirtin", einer linken Szenekneipe mit Alt-Berliner Schick in der Charlottenburger Carmerstraße. Ich kam mit den normalen Berlinern erst enger in Berührung, als ich im Märkischen Viertel meine erste Lehrerstelle antrat. Als sie mir bei den Elternabenden gegenübersaßen, wurde mir deutlich, wie tief die Kluft ist zwischen dem jungen Lehrer mit Weltverbesserungsambitionen und den Arbeitern, die bei Siemens oder Borsig ihr Geld verdienen. Das Leben in West-Berlin war billig. Wenn man in einer WG wohnte, kostete die Miete für ein Zimmer mitunter nur 120 DM. Nahe dem Bahnhof Zoo gab es die traditionelle

Speisegaststätte "Aschinger", wo man preiswert klassische Suppen essen konnte. Legendär war der Korb, aus dem man kostenlos "Schrippen" (Brötchen) fassen konnte. Ganze Generationen von Studenten haben sich bei "Aschinger" ernährt. Aschinger hat auch literarisch Karriere gemacht. In der Komödie „Der Hauptmann von Köpenick" von Carl Zuckmayer erholt sich der falsche Hauptmann in „Aschingers Bierquelle" von den Strapazen der Rathausbesetzung.

Maß und Mitte

Wenn man sich von einer totalitären Denkweise befreit, rückt man automatisch in die Mitte. Man strebt das mittlere Maß an, das die alten Griechen als Zeichen von Harmonie verehrten. Aristoteles definiert diese Mitte als das rechte Maß zwischen den Extremen. Der Verstand ist der Kompass, der einem den Weg zur Mitte weist. Meine heutige Weltanschauung ist ein Humanismus, der sich an den großen Denkern der Aufklärung und an unseren klassischen Dichtern orientiert. Ich bin vor allem ein Anhänger des Rationalismus, glaube also an die Kraft der Vernunft. Ich bin immer wieder fassungslos, wenn ich erlebe, dass selbst Akademiker Fakten leugnen und zu Verschwörungsmythen neigen. Statistiken lassen sich trefflich manipulieren, so dass man immer "Belege" für seine abstrusen Theorien findet. Auch politische Parteien sind nicht davor gefeit, die wissenschaftliche Evidenz anzuzweifeln. So lehnen die Grünen bis heute die Grüne Gentechnik ab, obwohl die Wissenschaft nachgewiesen hat, dass die mit dieser Technik erzeugten Pflanzen keine höheren Risiken für die Umwelt bedeuten als natürliche Züchtungen. Dabei liegen die Vorteile von Genveränderten Pflanzen auf der Hand: Sie können die Ernährungsgrundlage der Menschen in den armen Ländern entscheidend verbessern, weil sie besser an die dortigen Umweltbedingen angepasst sind. Zum Beispiel trotzt Gen-Reis extremer Trockenheit, was dabei hilft, die Auswirkungen der Klimaerwärmung für die Menschen abzumildern. Andere Neuzüchtungen sind resistent gegen Schädlingsbefall, was den Einsatz von Pestiziden entscheidend mindert. Das müsste doch eigentlich für Grüne ein einschneidendes Argument sein. Die makabre Ironie besteht darin, dass die Grünen die Impfstoffe gegen das Corona-Virus nicht ablehnen, obwohl sie mit derselben Gen-Technik hergestellt werden, wie sie die Grüne Gentechnik verwendet.

Wenn man die Klima-Debatte verfolgt, kann man sehen, dass auch Wissenschaftler in Gefahr geraten können, die kühle Rationalität, die der Wissenschaft eigen ist, zugunsten einer tagespolitischen Agenda aufzuweichen. Diese Gefahr ist dann besonders groß, wenn politisches Handeln von wissenschaftlicher Expertise abhängig ist. Dann drängen sich "Wissenschaftler" in den Vordergrund, um ihre Forschungsergebnisse der Politik anzudienen. Manchmal müssen sie dann kleinlaut eingestehen, dass sie doch nur ein Zwischenergebnis kommuniziert haben, das mittlerweile durch neue Erkenntnisse überholt ist. So schwanken die Prognosen zum Anstieg des Meeresspiegels durch die Klimaerwärmung seit Jahren nicht unerheblich, was der Unsicherheit von Vorhersagen bei derart komplexen Prozessen geschuldet ist. Es stünde der Klimawissenschaft deshalb gut zu Gesicht, wenn sie bei ihren politischen Verlautbarungen mehr Bescheidenheit walten ließe und das Axiom beherzigte, dass Forschungsergebnisse immer nur einen vorläufigen Charakter haben, weil sie jederzeit durch neue Erkenntnisse widerlegt werden können.

„Wie hältst du´s mit der Religion?" (Goethes „Faust")

Wenn man mir heute die Gretchenfrage stellte, würde ich antworten, dass ich in religiöser Hinsicht Agnostiker bin. Der Agnostizismus geht davon aus, dass die Existenz oder Nichtexistenz Gottes mit unseren Verstandeskräften nicht geklärt werden kann. Man kann ein solches Postulat nur glauben, nicht aber beweisen. Der Pantheismus, den wir bei vielen romantischen Dichtern, aber auch beim Klassiker Goethe finden, zielt in dieselbe Richtung. Er sieht die göttliche Substanz in die Erscheinungen der Natur eingeschlossen. Gegenüber den christlichen Konfessionen bin ich aufgeschlossen, weil ich mit christlich geprägten Schülern immer gute Erfahrungen gemacht habe. Sie sind friedfertig, sozial eingestellt und hilfsbereit. Weniger gut finde ich, dass sich meine ehemalige Kirche, die evangelische, immer mehr um die "vorletzten Dinge" wie Klimawandel und Flüchtlingspolitik kümmert und die Sehnsucht der Gläubigen nach Transzendenz immer weniger zu befriedigen vermag. Wenn die Kirche zu einer Nichtregierungsorganisation mit gesellschaftlicher Mission wird, macht sie sich selbst als Glaubensgemeinschaft überflüssig. Sie muss sich dann nicht wundern, wenn immer mehr Gläubige die Kirche verlassen und ihr "Heil" in dubiosen esoterischen Gemeinschaften suchen. Politisierenden Geistlichen fehlt die Herzensheiterkeit, die evangelische Pfarrer in meiner Kindheit ausgestrahlt haben.

Gegenüber dem Islam habe ich dann Vorbehalte, wenn er sich aggressiv gebärdet und die Angehörigen anderer Religionen als "Ungläubige" abwertet. Es ist tragisch, dass diese Religion, die in der Vergangenheit eine liberale und weltoffene Ausrichtung hatte, so dogmatisch und fanatisch geworden ist. Der politische Islam versucht neuerdings verstärkt, Einfluss auf gesellschaftliche Institutionen zu nehmen, vor allem auf die Schule. Hier muss die Politik tätig werden und die Neutralität der Schule verteidigen. Mit Schülern aus dem asiatischen Kulturraum habe ich nur die besten Erfahrungen gemacht. Sie sind freundlich, fleißig und ordnen sich sehr gut in die Klassengemeinschaft ein. Die konfuzianische Lehre fordert von ihnen, sich in jeder Gemeinschaft, in der sie sich aufhalten, zu bewähren und ihr Bestes zu geben. Das kann man leider nicht von jeder Religion oder Weltanschauung sagen. Von einer chinesischen Schülerin habe ich ein Sprichwort gelernt, das ich gerne verwende, wenn in meinem persönlichen Umfeld wieder einmal Weltverbesserungspläne geschmiedet werden: *„Bevor du dich daran machst, die Welt zu verbessern, gehe dreimal durch dein eigenes Haus."*

„Ohne Musik wäre das Leben ein Irrtum."
(Friedrich Nietzsche)

Das Musizieren pflege ich mit unterschiedlicher Intensität seit meiner Kindheit. Ich hatte einen Onkel, der als Freizeitmusiker in einer Band Akkordeon spielte. Er unterrichtete auch Musikschüler auf diesem Instrument. Von ihm erhielt ich ab dem 10. Jahr Unterricht im Akkordeonspiel. Mit 13 wechselte ich zu einem professionellen Musiklehrer. Mit 18 beherrschte ich das Instrument so gut, dass ich in Kneipen, Clubs und Vereinen zur Unterhaltung oder zum Tanz aufspielen konnte. Als "Bafög Plus" war mir der Musikantenlohn sehr willkommen. Als dann mit der Studentenbewegung die britische und amerikanische Rockmusik zu uns kam, geriet das Akkordeon aus der Mode. Ich benutzte es nur noch im privaten Kreis oder wenn bei Schulfesten Lehrer und Schüler gemeinsam musizierten. Im Segel-Verein spielte ich bei Feierlichkeiten Seemannslieder. Ich gründete sogar einen kleinen Shanty-Chor, der die bekannten Seemannslieder sang.

Mit 40 Jahren fing ich an, mich selbst am Klavier auszubilden. Die Schwierigkeit liegt in der linken Hand, die auf dem Klavier Tasten greifen muss, während man auf dem Akkordeon Knöpfe bedient. Ich nahm ein Jahr lang Unterricht bei einer ukrainischen Klavierlehrerin. Bald beherrschte ich das Klavier so gut, dass ich bei Hochzeiten oder Partys spielen konnte. Bis heute übe ich jeden Tag. Dabei wage ich mich auch an Stücke von Mozart, Schubert und Chopin. Zum Glück gibt es erleichterte Partituren, in denen ein Stück z.B. von Des-Dur nach D-Dur transponiert wird, was das Spielen erleichtert. Für mich dient das Klavierspiel der Entspannung. Es klingt nach einem Klischee, ist aber wahr: Beim Musizieren fällt der Stress des Alltags völlig von einem ab. Deshalb ist die Musikausbildung unserer Kinder so wichtig. Die Musiklehrer der Nation sind auch unsere geheimen Helden - und dazu noch schlecht bezahlt. Ich glaube, dass ich die musikalische Begabung von meiner Mutter geerbt habe. Sie konnte sehr gut singen. 40 Jahre hat sie im gemischten Chor unseres Dorfes gesungen und den wöchentlichen Probentermin nie versäumt. Als ich Akkordeon spielen konnte, bat sie mich, für sie in der Küche zu spielen. Ich besorgte mir die Noten der schönsten Volkslieder. Sie sang die Lieder, während sie in der Küche hantierte. Sie konnte alle Strophen (in Schwaben sagt man dazu Verse) auswendig. Zum Weihnachtsfest gehörte neben gutem Essen immer auch Singen und Musizieren. Musizieren hat auch eine pädagogische Funktion. Den musikbetonten Schulen sagt man nach, dass ihre Schüler besonders friedlich gestimmt seien.

Seit den 1980er Jahren besuche ich Konzerte in der Berliner Philharmonie, seit der Wiedervereinigung auch im Konzerthaus am Gendarmenmarkt. Berlin ist mit fünf Spitzenorchestern und mit drei Opernhäusern kulturell reich gesegnet. Dazu kommen unzählige Kammermusikensembles, die von Mitgliedern der Orchester und von Absolventen der Musikhochschulen gegründet wurden. Gerne reise ich auch zu den Musikfestivals in Leipzig und Eisenach (Bach-Fest), Heidelberg (Heidelberger Frühling) und Salzburg (Festspiele). Selbst in kleineren Städten gibt es gute Orchester, die in Mehrzweckhallen und Kirchen musizieren. Wenn man die vielfältige Musikkultur in unserem Lande erlebt, muss einem um die Zukunft der klassischen Musik nicht bange sein.

Beruf

Perle des Odenwalds

Als ich mich im Frühjahr 1975 beim Berliner Schulsenat um einen Platz im Referendariat bewarb, erlebte ich eine unliebsame Überraschung. Das Rechtsamt teilte mir mit, dass gegen mich der „begründete Verdacht" bestehe, dass ich mich „nicht bedingungslos für die freiheitlich-demokratische Grundordnung einsetzen" würde. Der Verdacht wurde untermauert durch Indizien, die nur vom Verfassungsschutz stammen konnten: Mitgliedschaft im KSV und im KOV (Kommunistischer Oberschülerverband), Teilnahme an verbotenen Demonstrationen, eine Rede für den KSV im Audimax der Technischen Universität Berlin, Verkauf der „Roten Fahne" vor Fabriktoren und Kaufhäusern. Mein Name stand auch im Impressum der „Roten Fahne" der „Roten Zelle Öhringen". Diese Vorwürfe reichten aus, mir das Referendariat zu verwehren. Dabei spielte es auch keine Rolle, dass es sich dabei um eine Ausbildung und nicht schon um die Ausübung des Berufs handelt. Gerichte haben später entschieden, dass die Schulbehörden zumindest die Referendarausbildung gestatten müssen. Für mich kam diese richterliche Klärung zu spät. Ich teilte das Schicksal mit Dutzenden Studenten, die sich ähnlich politisch engagiert hatten. Der Prominenteste dieser Gruppe war Peter Schneider. Er schrieb über seine Erfahrungen ein Buch mit dem schönen Titel: "Schon bist du ein Verfassungsfeind. Das unerwartete Anschwellen der Personalakte des Lehrers Kleff". Für ihn war das Berufsverbot der Einstieg in eine erfolgreiche Karriere als Schriftsteller. Ich gab jedoch nicht auf. Mein Wunsch, Lehrer zu werden, war so groß, dass ich mich in anderen Bundesländern bewarb. Im Sommer 1975 bekam ich eine Zusage für die Referendarausbildung in Darmstadt. Hessen hatte damals eine sozialdemokratisch geführte Regierung, die man dem linken Flügel der SPD zurechnete. Die SPD hoffte, durch Großzügigkeit einen Teil der jungen Wilden für ihre Partei gewinnen zu können, was ihr dann auch wirklich gelang. Für mich hieß es: Aufbruch in ein anderes Bundesland und in einen neuen Lebensabschnitt. Mit meinem „Käfer" fuhr ich abends um 22 Uhr in Berlin los und war um sechs Uhr in der Frühe in Darmstadt. In der Bahnhofstoilette machte ich mich frisch und fand mich um zehn Uhr im Regierungspräsidium zur Vereidigung ein. Meine Ausbildungsschule war das Max-Planck-Gymnasium in Groß-Umstadt, einer kleinen Stadt mit 21.000 Einwohnern, die sich malerisch an die westlichen Ausläufer des Odenwalds schmiegt. Damals warb die Stadt mit ihren guten Weinen und verkaufte sich als „Perle des Odenwalds". In einem Vorort von Darmstadt bezog ich im Haus eines Lateinlehrers eine kleine Einliegerwohnung. In Darmstadt fanden die beiden Fachseminare in Deutsch und Geschichte statt, in denen die Referendare theoretisch ausgebildet wurden. Darmstadt lernte ich als eine liebenswerte Stadt kennen, die damals ein kleines, aber feines Kneipenviertel hatte. Von Darmstadt aus war man schnell in Frankfurt/M. und in Heidelberg. Aber auch die Landschaft an den westlichen Ausläufern des Odenwalds bot viele Reize. Mit Freunden bin hier oft spazieren gegangen.

Der Kontrast zwischen dem von radikalen Ideologien geprägten Studentenleben und der Realität in der Schule hätte größer nicht sein können. Der ganze theoretische Ballast von Menschheitsbefreiung und Arbeiterbeglückung spielte plötzlich keine Rolle mehr. Es ging nur noch darum, die Schüler gut zu unterrichten und zu einem qualifizierten Abschluss zu führen. Jetzt fiel mir auf, was ich im Studium versäumt hatte. In einer 8. Klasse musste ich Balladen von Schiller und Goethe, in der 10. Klasse die Erzählung "Unterm Rad" von Hermann Hesse besprechen. Ich ging in die Buchhandlung und kaufte mir eine ordentliche, natürlich "bürgerliche" Literaturgeschichte. Die meisten Stoffe, die ich im Fach Deutsch unterrichten sollte, musste ich mir selbst noch erarbeiten. In Sozialkunde und Geschichte war es einfacher, weil ich ja zuvor ein durch und durch politisches Leben geführt und viele Bücher zu politischen Themen gelesen hatte. Schon nach wenigen Wochen machte mir der Unterricht Spaß und ich wusste, dass ich den richtigen Beruf ergriffen hatte. Die Zeit verging schnell: Ich absolvierte Lehrproben, korrigierte Klassenarbeiten und Klausuren und diskutierte mit meinen Referendarkollegen Freud und Leid des Lehrerlebens. An den Wochenenden besuchte ich mit Freunden die kleinen Dörfchen an der Bergstraße. In Zwingenberg gab es urige Weinlokale mit lauschigen Weinlauben und herrlichen Weinen. Riesling und Spätburgunder sind die für die Bergstraße typischen Weinsorten. Im Nu kam das Examen und meine "Exilzeit" im fernen Hessen neigte sich dem Ende zu. Ich stellte den Antrag, in Berlin als Studienassessor eingestellt zu werden. Bevor dies schließlich gelang, musste ich noch ein halbes Jahr überbrücken. Ich unterrichtete an einer Schule in freier Trägerschaft, und zwar am Comenius-Kolleg in Mettingen (Nordrhein-Westfalen), das vom katholischen Franziskanerorden geführt wird.

Beim „Orden der minderen Brüder"

Zur Hälfte waren die Lehrkräfte an dieser Ordensschule Mönche im typischen braunen Habit der Franziskaner, die andere Hälfte Lehrkräfte der umliegenden Schulen, die stundenweise abgeordnet waren. Nach einer Probestunde wurde ich als Lehrkraft verpflichtet. Ich spielte mit offenen Karten und offenbarte dem Pater, der die Schule leitete, meine politische Vorgeschichte. Verschmitzt lächelnd sagte er zu mir: "Kennen Sie nicht die Losung unseres Herrn: *'Kommet her zu mir alle, die Ihr mühselig und beladen seid, ich will euch erquicken`?"* - Dieser freie Geist der Toleranz prägte die ganze Schule. Ich führte mit den Patres spannende Diskussionen über die Probleme der Dritten

Welt, mit denen sich der Orden gut auskannte, weil er in brasilianische Entwicklungsprojekte involviert war. Es gab damals die "Theologie der Befreiung", mit der der Orden sympathisierte. Ein Kolleg ist eine Schule des Zweiten Bildungswegs, in der Erwachsene ihr Abitur ablegen. Sie haben vom Leben schon viel gesehen und in den verschiedensten Berufen gearbeitet. Solche Schüler haben einen anderen Blick auf literarische Werke, als ich das vom Gymnasium her gewohnt war. Ich fühlte mich an der Schule wohl und wäre auch geblieben, wenn die Sogwirkung Berlins nicht zu stark gewesen wäre. Als ich die Zusage aus Berlin bekam, an einer Gesamtschule anfangen zu können, verabschiedete ich mich von der Schulleitung und dem Kollegium und brach die Zelte in der Provinz ab. In Berlin hatte das Rechtsamt inzwischen meine "Verfehlungen" während des Studiums noch einmal überprüft und war zu dem Schluss gekommen, dass es sich um typische "Jugendverfehlungen" gehandelt habe. So stand mir der Weg in den Schuldienst und in den Beamtenstatus offen. Die Demokratie hat ihre Stärke bewiesen, selbst Menschen mit einer radikalen politischen Vergangenheit wieder in ihren Schoß aufzunehmen.

Lehrjahre sind keine Herrenjahre

Meine erste Lehrerstelle bekam ich an der Thomas-Mann-Oberschule (TMO), einer Gesamtschule im Märkischen Viertel, einer Trabantenstadt im Bezirk Reinickendorf mit

40.000 Einwohnern. In den 1960er Jahren galt es als modern und zukunftsweisend, solche Massenquartiere zu errichten. Auch die Gropius-Stadt im Bezirk Neukölln verdankt sich diesem Trend. Da die meisten Wohnungen in diesen Quartieren sozial gebunden waren, zogen viele Familien der Unterschicht und des Migrantenmilieus ein. An der TMO war dieser soziologische Trend des Wohnquartiers deutlich abzulesen. Die Schüler kamen überwiegend aus der deutschen Unterschicht und dem unteren Kleinbürgertum. Der Ausländeranteil war niedriger als in Neukölln und Kreuzberg. Die von der Gesamtschultheorie intendierte Mischung aus lernstarken und lernschwachen Schülern wurde nie erreicht. Leistungsstarke Schüler bevorzugten wie in ganz Berlin das Gymnasium, für das sie auch längere Bus- und U-Bahn-Fahrten in Kauf nahmen. Bei der 20-Jahrfeier der TMO im Jahr 1989 gab der Schulleiter Dr. Werner Danne, ein profilierter Gesamtschulreformer, aktuelle Zahlen bekannt. So hatten im damaligen Aufnahmejahrgang 47,0 Prozent eine Hauptschulempfehlung, 48,7 Prozent eine Realschulempfehlung und nur 4,2 Prozent eine Gymnasialempfehlung (Festschrift „20 Jahre Thomas-Mann-Oberschule"). Bei dieser ungünstigen Schülermischung war der Unterricht vor allem im Kernunterricht eine ständige Herausforderung. In den unteren Klassen musste man in jeder Stunde aufs Neue Ruhe und Disziplin herstellen, um überhaupt unterrichten zu können. Mir war schnell klar, dass der gepflegte Diskussionsstil, den ich vom Gymnasium und vom Kolleg her kannte, an dieser Schule mit den Schülern der Mittelstufe nicht möglich war. Wichtig waren deutliche Ansagen und klare Regeln, die mit Konsequenz eingefordert werden mussten. Ich sah, dass die Kinder aus desolaten Familienverhältnissen, für die ich als Linker eine goldene Zukunft bauen wollte, zuerst einmal zivilisiert werden mussten: Sie mussten ihre Fäkalsprache verlernen, mussten argumentieren, statt sich zu prügeln, und im Lernen einen Sinn und keine Last sehen. In der Oberstufe machte der Unterricht Spaß. Da traf man auf Schüler, die leistungsorientiert waren, weil sie gemerkt hatten, dass ihnen das Abitur den Weg in eine gute berufliche Zukunft ebnet. Diese Schüler waren auch sehr anhänglich. Sie wussten es zu schätzen, wenn sich eine Lehrkraft um ihr persönliches Fortkommen kümmert.

Thomas-Mann-Oberschule in Berlin-Reinickendorf

Die Aporien der Gesamtschule

Natürlich setzte ich mich auch mit der Gesamtschule als Schulform auseinander. Sie galt in den 1970er Jahren als der letzte Schrei. 1968 wurde mit der Walter-Gropius-Schule in Berlin-Neukölln die erste Gesamtschule eingerichtet, die TMO folgte ein Jahr später. Mir fiel auf, auf welchem Widerspruch diese "linke" Schulform basierte. Die Gesamtschulbefürworter wollten das gegliederte Schulsystem überwinden, weil es eine inhumane Selektion der Kinder befördere. Unter dem Dach der Einheitsschule stellten sie dann aber in den Hauptfächern die Einteilung der Schüler nach Leistung wieder her. Ursprünglich gab es in dem Differenzierungssystem FEGA sogar vier Leistungsniveaus, die später auf zwei reduziert wurden. Natürlich ist es vernünftig, die Schüler auf einem Niveau zu unterrichten, das ihrer Intelligenz und ihrem Auffassungsvermögen entspricht. Das ist auch der Grund, weshalb die Gesamtschule bessere Leistungen erzielt als die Sekundar- und Gemeinschaftsschulen, die auf die äußere Fachleistungsdifferenzierung zugunsten der Binnendifferenzierung verzichten. Ich fragte mich aber, weshalb man zuerst ein gegliedertes Schulsystem aufgeben muss, um dann unter dem Dach der neuen Schule doch eine Variante des alten Systems zu realisieren. Ich hatte den Verdacht, dass es eher um Symbolpolitik als um Pädagogik ging. Man wollte eine sozialdemokratische Musterschule schaffen und dem Gymnasium, das vor allem vom konservativen Bildungsbürgertum verteidigt wurde, als Konkurrenz entgegenstellen. Dafür nahm man die

Bürokratie in Kauf, die nötig war, um das verschachtelte Kurssystem der Gesamtschule zu organisieren und zu verwalten. Ich schickte der Zeitung der Gewerkschaft Erziehung und Wissenschaft (GEW) Erfahrungsberichte, die auch abgedruckt wurden. Gegen die damals starke Phalanx der Gesamtschulbefürworter konnten solche kritischen Einwände nichts ausrichten.

Zur Ehrenrettung der Gesamtschule – auch der TMO – sei gesagt, dass sie es damals schaffte, dass relevante Anteile von Haupt- und Realschülern bessere Abschlüsse erzielten, als ihnen in der Grundschulprognose prophezeit worden war. An der TMO erreichten damals bei den Hauptschülern zwischen 37 und 40 Prozent einen Realabschluss, 6 bis 8 Prozent sogar den Übergang in die gymnasiale Oberstufe. Von den Realschülern erreichten zwischen 36 und 45 Prozent die Versetzung in die gymnasiale Oberstufe. Von den damaligen Abgängern mit der Mittleren Reife erhielten alle eine Lehrstelle. Dr. Danne war damals realistisch genug, sich einzugestehen, dass es der Gesamtschule nicht gelingen werde, alleinige Regelschule zu werden. Man müsse deshalb auf längere Sicht von einem *„Nebeneinander der Systeme"* ausgehen. Statt sich auf die Systemkonkurrenz zu konzentrieren, gelte es, die TMO zu einer guten Schule zu entwickeln, die durch ihre Ausstrahlung Schüler auch aus dem Bildungsbürgertum an sich binden kann. Teilweise ist ihr das gelungen. Die TMO wurde wegen ihres fachlichen Anspruchs ironisch „Dr.-Danne-Gymnasium" genannt.

Für das Jubiläumsbuch der TMO schrieb ich eine Science-Fiction-Erzählung mit dem Titel „Auf der Suche nach der verlorenen Zeit". Darin erzähle ich im Rückblick, wie in Deutschland die Schriftsprache als überflüssiger Zierrat abgeschafft wurde, weil zu Ende des 21. Jahrhunderts die Kommunikation nur noch mündlich erfolgt. Ein Altertumsliebhaber bekommt verstaubte Unterlagen über den Deutschunterricht an der TMO in die Hand und erforscht ihre Herkunft. Er findet heraus, dass sich die TMO an die Spitze der Bewegung gesetzt hat, die die Schriftsprache in den Orkus befördern wollte. Meine Erzählung war eine Spitze gegen die damalige Gesamtschuldidaktik, Klassenarbeiten im Fach Deutsch nach dem Multiple-Choice-Verfahren schreiben zu lassen, wobei die Schüler nur noch Kästchen ankreuzen müssen. Der Schulleiter hatte gegen diese Erzählung nichts einzuwenden, weil er sich als promovierter Germanist mit dieser Art verordneter Erleichterungspädagogik selbst nicht anfreunden konnte.

Vorhang auf für ein neues Unterrichtsfach

In den 1970er Jahren plante der Berliner Schulsenat, in den Schulen das Fach Schultheater zu etablieren. Es wurde "Darstellendes Spiel" genannt und nur in der gymnasialen Oberstufe (sie ging damals von Klasse 11 bis 13) unterrichtet. Da man zu wenige studierte Theaterlehrer hatte, schuf man ein Fortbildungssystem, in dem interessierte Lehrkräfte zwei Jahre lang berufsbegleitend ausgebildet wurden. Die Lehrkräfte waren Hochschullehrer oder Gymnasiallehrer, die schon die Fakultas für Theater erworben hatten. Mich zog dieses Fach an, weil ich mir darin mehr Erfolgserlebnisse als im normalen Unterricht erhoffte. Nach zwei Jahren Ausbildung war ich Theaterlehrer auf Probe. Ich durfte einen DS-Kurs unterrichten, musste aber den Semesterplan und einen abschließenden Erfahrungsbericht beim Fachvorsitzenden im Senat einreichen. Nach zwei Jahren Probezeit durfte ich dann ohne Berichtspflicht regulär unterrichten. Meine Erwartungen an dieses Fach gingen in Erfüllung. Als Theaterlehrer kommt man den Schülern in einer Weise nahe, wie das in anderen Fächern nicht möglich ist. Auf der Bühne agieren die Schüler ungeschützt, männliches Imponiergehabe und weibliche Koketterie funktionieren nicht mehr, wenn man die Rolle ernst nimmt. Ich habe Schüler an ihrer Rolle verzweifeln, manche sogar weinen sehen. Als Lehrer wird man dann schnell zum Seelentröster und Motivationstrainer. Die meisten Schüler sind über sich hinausgewachsen und in ihrer Persönlichkeit enorm gereift. Mir haben Kollegen erzählt, dass sie die schüchterne Renate oder den verklemmten Robert fast nicht wiedererkannt hätten, als sie sie auf der Bühne als kokette Liebhaberin oder lustigen Kobold erlebt haben. Einige "Schauspieler" aus meinen Kursen sind später Schauspieler geworden, einige wurden auch durch Kinofilme bekannt. Ein Nachteil dieses Faches ist der enorme Kräfteaufwand des Lehrers. Man ist Regisseur, Bühnenbildner, Maskenbildner und

Ausstatter in einer Person. Bei der Planung einer Inszenierung muss man tausend Details im Blick haben, von denen das Gelingen der Aufführung abhängt. Nach einer Aufführung fiel ich zuerst einmal eine Woche lang in ein tiefes mentales Loch. Letztlich überwogen jedoch die Glücksgefühle, die ich bei einer gelungenen Inszenierung erlebte.

Mutprobe mit Hölderlin

An der TMO habe ich meine Prüfung zum Oberstudienrat abgelegt. Ich hielt vor der Jury eine Lehrprobe in einer 11. Klasse. Thema war das Gedicht „Hälfte des Lebens" von Friedrich Hölderlin.

> Mit gelben Birnen hänget
> Und voll mit wilden Rosen
> Das Land in den See,
> Ihr holden Schwäne,
> Und trunken von Küssen
> Tunkt ihr das Haupt
> Ins heilignüchterne Wasser.
>
> Weh mir, wo nehm' ich, wenn
> Es Winter ist, die Blumen, und wo
> Den Sonnenschein,
> Und Schatten der Erde?
> Die Mauern stehn
> Sprachlos und kalt, im Winde
> Klirren die Fahnen.

Die Gesamtschuldidaktik verlangt kein brillantes Unterrichtsgespräch mit intellektuellen Höhenflügen. Gefragt ist die kleinschritte Arbeit am Text und die enge geistige Lenkung. Die Schüler ließen sich auf die Magie der Hölderlinschen Verse ein und kamen zu erstaunlichen Einsichten. Bei der Besprechung der Stunde meinte der Schulrat, er habe noch nie erlebt, dass ein Lehrer an einer Gesamtschule bei einer Lehrprobe das Risiko eingegangen sei, ein Gedicht dieses schwierigen Dichters zu interpretieren. Die Jury erlebte also Premiere und Mutprobe zugleich. Die Stunde hat zudem den Beweis erbracht, dass auch Gesamtschüler zu intellektuellen Leistungen fähig sind. Auch Didaktiker der alten Schule konnten sich bestätigt fühlen: Überforderung ist allemal besser als Unterforderung. Nach dieser Prüfung wurde ich zum Fachleiter Deutsch ernannt.

Per aspera ad astra

Trotz dieser positiven Erfahrungen hatte ich irgendwann Wechselgedanken. Ich spürte, dass ich an dieser Schule nicht ewig bleiben wollte. Mir war lästig, einen Teil der kostbaren Unterrichtzeit für Disziplinierungen aufwenden zu müssen. Dafür liebte ich meine beiden Fächer Deutsch und Geschichte zu sehr. Ich wollte aber auch nicht vorschnell kapitulieren, da mir das ein mitleidiges Lächeln des harten Kerns der überzeugten Gesamtschulkollegen eingebracht hätte. Zur Lehrerelite zählt an der

Gesamtschule nur, wer den richtigen Draht zu den schwierigen Schülern herstellen und ihn für einen erfolgreichen Unterricht nutzen kann. Nach fünf Jahren hatte ich mir diesen Status erarbeitet. Erst als ich bei den Schülern und den Kollegen als kompetenter Lehrer anerkannt war, stellte ich den Antrag, auf ein Gymnasium wechseln zu dürfen. Mit den an der TMO erlernten "Handwerkstechniken" würde ich überall bestehen können. Wenn an den Gymnasien, an denen ich später unterrichtete, im Kollegium die Klage laut wurde, mit dem schwierigen Ronald aus der 8 a oder der zickigen Laura aus der 9 c nicht fertig zu werden, konnte ich nur müde lächeln. Diese Kollegen wussten nicht, in welch luxuriösen Verhältnissen sie unterrichten durften, weil sie das krasse Kontrastprogramm Gesamtschule nie erlebt haben. Ironie der Geschichte: Die Thomas-Mann-Gesamtschule wurde ab dem Schuljahr 2010/2011 selbst in ein Gymnasium umgewandelt. Der damalige Schulleiter, den ich von meiner Zeit an der TMO her gut kannte, lud mich ein, diese Umwandlung als "Gymnasialexperte" zu begleiten. Ich wurde für vier Jahre als außerschulisches Mitglied in die Schulkonferenz gewählt.

Bei meinem Abschied von der TMO gab es auch ein wenig Wehmut. Ich hatte unter den Kollegen der Schule einige Freunde gewonnen, von denen mir der Abschied schwerfiel. An der Gesamtschule ist das Kollegium eine Art Kampfgemeinschaft, die durch die widrigen Umstände, die den Unterrichtsalltag bestimmen, zusammengeschweißt wird. Da kann es nicht ausbleiben, dass auch persönliche

Bindungen entstehen. Im Fachbereich Deutsch haben wir manche Abende damit zugebracht, Unterrichtseinheiten gemeinsam zu planen. Diese privaten Runden klangen gerne auch mit einem Glas Rotwein aus. Mir fiel der Abschied von der TMO auch aus einem persönlichen Grund nicht leicht. An dieser Schule habe ich meine Frau kennen gelernt. Es war sehr angenehm, mit ihr beim Abendbrot die Erfahrungen aus dem Unterricht auszutauschen. Auch fachlich konnten wir gut voneinander profitieren, weil wir die gleichen Fächer unterrichteten. Bei unseren Theateraufführungen haben wir uns gegenseitig beraten und unterstützt. Mein Wunsch an ein Gymnasium zu wechseln, war jedoch so stark, dass ich diesen kleinen Verlust in Kauf nahm.

Grenzwertiges Verhalten

Ich erinnere mich noch an einige schlimme Vorkommnisse, wie man sie damals häufiger von Gesamtschulen lesen konnte. An einem war ich als Klassenlehrer auch unmittelbar beteiligt. Zwei Schüler hoben die Tür zum Klassenraum aus den Angeln und stellten sie nur locker auf die beiden Zapfen. Als die Englischlehrerin die Tür öffnen wollte, flog sie mitsamt der Tür kopfüber in das Klassenzimmer. Sie verlor zwei Zähne und hatte Platzwunden am Kopf. Mit einem Schock kam sie ins Krankenhaus. Ich hatte die Aufgabe, die beiden Schuldigen zu ermitteln und auf der Lehrerkonferenz die Strafen vorzuschlagen. Solche Aggressionen sind typisch für Schüler, die Wut und Enttäuschung nicht zähmen und vor allem nicht ausdrücken können. Sie "bestrafen" Lehrer, von denen sie sich benachteiligt fühlen, durch üble Streiche, die mitunter auch in körperliche Gewalt münden.

Ein anderer Vorfall reichte schon ins Kriminelle. Ein Neuntklässler entriss im Einkaufscenter einer älteren Dame die Handtasche. Anschließend wollte er mit ihrer EC-Karte Geld abheben. Von der Überwachungskamera wurde er fotografiert. Lehrer identifizierten den Jungen als Schüler unserer Schule. Der Schulleiter beharrte darauf, dass er während des Unterrichts im Beisein seiner Mitschüler verhaftet wurde. Auch die Polizei schätzte diese Methode wegen ihres Abschreckungseffekts. Solche Vorfälle zeigten uns, dass bei einigen Schülern etwas in der elterlichen Erziehung schiefgelaufen war. Als ich später am Gymnasium war, waren die Kollegen verblüfft, wenn ich ihnen von solchen Vorkommnissen an der Gesamtschule erzählte. Schmunzelnd meinte ich, ich hätte an dieser Schule eine kostenlose Zweitqualifikation in Sozialarbeit und Kriminalistik erworben.

Zeitgeschichte live 1

Im April 1986 unternahm ich mit meiner 10. Klasse eine Klassenfahrt nach Altrei in Südtirol. Es war eine Abschiedsfahrt, weil die meisten Schüler nach der Mittelstufe die Schule verließen, um eine berufliche

Ausbildung zu beginnen. Nur einige aus der Klasse wechselten in die Oberstufe, um das Abitur abzulegen. Ich war in Begleitung meiner stellvertretenden Tutorin (Klassenleiterin) und einer Sozialpädagogin. Im Speisesaal unseres Jugendhotels lief eines Abends eine Nachrichtensendung im Fernsehen, in der von einem Unfall in einem Kernkraftwerk in Tschernobyl (Ukraine) berichtet wurde. Am nächsten Tag kaufte ich am Kiosk eine Zeitung, um Genaueres zu erfahren. Trotz der anfänglichen Leugnung des Unfalls durch die Sowjetregierung gab es keinen Zweifel: In einem der Reaktoren des Kernkraftwerks hatte es eine Kernschmelze gegeben, was die Internationale Atomenergie Organisation (IAEO) als „Größten anzunehmenden Unfall" (GAU) bezeichnet. Als bayerische und österreichische Behörden davor warnten, Gemüse und Salat aus dem Freiland zu verzehren, weil es durch radioaktiven Fallout verstrahlt sein könnte, beratschlagten wir mit dem Chef des Hotels, wie wir die Ernährung der Schüler für die verbleibenden Tage umstellen könnten. Die Küche verzichtete auf Frischgemüse vom Großmarkt in Bozen und stellte auf Konserven um. Spaghetti mit Tomatensauce und Gnocchi mit Dosenchampignons waren jetzt angesagt. Dieser Unfall veränderte die Diskussion über Kernkraft in Deutschland grundlegend. Alle Parteien hielten deren friedliche Nutzung für nicht mehr beherrschbar und planten Ausstiegsszenarien. Der definitive Ausstieg aus der Atomkraft wurde aber erst beschlossen, als es 2011 in Fukushima (Japan) in Verbindung mit einem verheerenden Tsunami zu einer weiteren Atomkatastrophe gekommen war. Ende 2022 werden die letzten deutschen Kernkraftwerke vom Netz gehen. Jahre wird es dann noch dauern, bis der über die Jahre entstandene radioaktive Müll in einem sicheren Endlager deponiert sein wird.

„Dienstliches Vergehen" für den Frieden

An ein skurriles Ereignis kann ich mich noch erinnern, das in Verbindung mit einer weltpolitischen Krise stand. 1979 hatte die Nato beschlossen, in Mitteleuropa Marschflugkörper des Typs Pershing II aufzustellen, um die Überlegenheit der Sowjetunion bei den atomar bestückten Raketen zu kompensieren. In der BRD entstand eine riesige Friedensbewegung, die im ganzen Land gegen die Nachrüstung der NATO mobil machte. Im Juni 1982 kam es zu einer der größten Demonstrationen in der Geschichte der Bundesrepublik: 500.000 friedensbewegte Menschen versammelten sich im Bonner Hofgarten, um ihrem Protest Ausdruck zu verleihen. Auch die Gewerkschaft Erziehung und Wissenschaft (GEW), der ich damals noch angehörte, mobilisierte zu dieser Demonstration. Aus dem Kollegium der TMO nahmen ca. 30 Lehrkräfte teil, darunter auch meine Frau und ich. Da die Demonstration an einem Schultag stattfand, mussten wir die Schule schwänzen. Wir gaben dem Schulleiter eine Woche zuvor eine Liste mit den Namen der abwesenden Kollegen. Andere Lehrkräfte hatten sich bereiterklärt, uns in den verwaisten Klassen zu vertreten. Obwohl es an den Berliner Schulen relativ wenig Unterrichtsausfall gab, kündigte die damalige Schulsenatorin von Berlin, Hanna-Renate Laurien (CDU), an, die Teilnahme an der Demonstration während der Schulzeit als „dienstliches Vergehen" zu bewerten. Die Lehrer sollten dafür einen „dienstlichen Verweis" und einen Tag Gehaltsabzug bekommen. Die GEW wehrte sich gegen diese beamtenrechtlichen Sanktionen und bekam vor dem Arbeitsgericht recht. Ich konnte mich mit der Haltung der GEW nicht anfreunden. Wir hatten unsere Dienstpflichten absichtlich verletzt, um zu signalisieren, dass es ein höheres Gut gibt, das es zu schützen gilt: den Weltfrieden. Zum zivilen Ungehorsam gehört, dass man die Folgen, die er für die eigene Person mit sich bringt, in Kauf nimmt. Durch ihre Klage entwertete die GEW nachträglich das moralische Anliegen unseres Protests. Ich sah darin eine typische Beamtenhaltung: Protestieren ja, aber es darf nichts kosten. Ich teilte dem Volksbildungsstadtrat von Reinickendorf mit, dass ich darauf verzichte, den Verweis aus meiner Personalakte streichen zu lassen. Auch den Gehaltsabzug wolle ich in Kauf nehmen. Bei meinen Kollegen stieß ich auf wenig Verständnis. Der Stadtrat rief mich persönlich an, um mir seinen Respekt zu zollen.

Reif für die Insel

Meine nächste Schule war ein Gymnasium mit Internat, das eine reformpädagogische Tradition besitzt. Die Stelle an dieser Schule, traumhaft auf einer Insel des Tegeler Sees gelegen, fand ich durch Zufall. Ich hatte 1989 mit meiner Familie in Tegelort ein Haus gebaut. Vielleicht kam hier mein schwäbisches Erbe zum Vorschein, zu dem das "Häusle-Bauen" gehört. Wir gingen häufig am Ufer des Tegeler Sees spazieren. Dort traf ich eines Tages den Schulleiter der Schulfarm Insel Scharfenberg, wie er gerade mit dem Ruderboot von der Insel Scharfenberg zum Festland übersetzte. Ich fragte ihn nach einer freien Stelle als Deutsch- und Geschichtslehrer. Ich hatte Glück: Ich konnte einen Kollegen mit denselben Fächern ersetzen, der um ein Sabbatjahr nachgesucht hatte. Auch die Funktion des Fachleiters Deutsch war verwaist. Der Wechsel ging dann schnell. Zum Schuljahr 1989/1990 fing ich an, auf dem Insel-Gymnasium zu unterrichten.

Die Schulfarm Scharfenberg wurde 1922 von dem jungen Berliner Studienrat Wilhelm Blume als reformpädagogische Internatsschule gegründet. Leben und Lernen sollten eine Einheit bilden, weshalb die Lehrkräfte auch im Internat Dienst zu versehen hatten. Die Pädagogik der Schule orientierte sich an dem Motto "Lernen mit Kopf, Herz und Hand". Die Schüler mussten nach dem Unterricht in "Innungen" arbeiten, um ihre ganzheitlichen Fähigkeiten auszubilden. Es gab eine Tischlerei, eine Schlosserei, einen Bauernhof, eine Gärtnerei, eine Imkerei, eine Baumschule und eine Weberei. Die meisten dieser Gewerke wurden von Handwerksmeistern geführt, die bei den Schülern wegen ihres Könnens große Anerkennung genossen. Die Schüler der Schulfarm kamen überwiegend aus gut situierten Elternhäusern. Viele Eltern hatten akademische Berufe, es gab darunter auch Bildende Künstler, Schauspieler und Musiker. Alle wollten ihren Kindern eine Schulzeit in natürlicher Umgebung bieten und ihnen ermöglichen, im Internatsleben Selbstverantwortung und Gemeinsinn zu lernen. Ein kleiner Teil der Schüler kam aus dem Heim. Sie wurden uns vom Sozialamt und der Familienfürsorge zugeteilt, die auch die Internatskosten übernahmen. Dieser Umstand erinnerte an die Gründung der Schule zu Beginn der Weimarer Republik, als Kinder aus sozial unterprivilegierten Familien von der Schule Stipendien oder Freiplätze erhielten. Ich verliebte mich sofort in diese Schule, weil ich sah, dass ich durch die Internatsdienste mit dem Denken und Fühlen der Schüler viel besser vertraut wurde, als das im reinen Fachunterricht gelingen kann. Im Unterricht konnte ich anspruchsvolle Themen und Texte besprechen, weil die Schüler wissbegierig und engagiert mitarbeiteten. Meine Theaterprojekte konnte ich optimal verwirklichen, weil die Schüler abends gerne probten, um der Langeweile der Internatsabende zu entgehen.

Humboldt-Scheune auf der Insel Scharfenberg, Berlin

Bienen haben Vorfahrt

Schon nach wenigen Wochen hatte ich eine überraschende Begegnung mit dem ganzheitlichen Bildungsansatz der Schule. Für einen erkrankten Kollegen hatte ich eine Klausur zu beaufsichtigen. Mitten in der Stunde schrillte eine Klingel. Drei Schüler sprangen auf und verließen fluchtartig den Raum. Ich fragte die anderen Schüler, was das zu bedeuten habe. Eine Schülerin klärte mich auf: Dies sei die Imker-Klingel gewesen. Bestimmt sei ein Bienenvolk ausgeschwärmt und müsse jetzt von den Mitgliedern der Imkerei wieder eingefangen werden. Beim Mittagessen in der Mensa fragte ich etwas indigniert den Schulleiter, ob das rechtens sei, dass die Schüler mitten in der Klausur den

Raum verlassen – wegen der Bienen. Er meinte schmunzelnd: „Lieber Kollege Werner, an eines müssen Sie sich gewöhnen. An unserer Schule haben die Bienen Vorfahrt." – Dieser Vorfall war für mich eine Art von Paulus-Erlebnis in Bezug auf die Reformpädagogik. Ich lernte das Engagement der Schüler außerhalb des Unterrichts schätzen, weil ich sah, mit welcher Begeisterung und Verantwortung sie ihre Aufgaben in den Werkstätten wahrnahmen und wie sie dabei in ihrer Persönlichkeit reiften. Dieser pädagogische Ansatz geht auf das Erziehungskonzept Wilhelm von Humboldts zurück. Von ihm stammt der Satz: *„Auch Griechisch gelernt zu haben, könnte dem Tischler ebenso wenig unnütz sein, als Tische zu machen dem Gelehrten."* Bildung war für ihn also nicht in erster Linie Ausbildung für einen Beruf, sondern die allseitige Vervollkommnung des Menschen, heute würden wir sagen: Persönlichkeitsbildung. Dieser Lernansatz hat auch eine soziale Komponente. Schüler aus schwierigen sozialen Verhältnissen erwerben oft in den praktischen Aktivitäten das Selbstbewusstsein, das Kinder aus dem Bildungsbürgertum im intellektuell geprägten Unterricht bekommen. Selbstermächtigung durch Bildung funktioniert also auch in nicht-kognitiven Lernbereichen.

Internatsleben

Der Internatsdienst begann in der Regel mit dem gemeinsamen Abendbrot. Die Schüler strömten aus dem Werkunterricht, der in den "Innungen" stattfand, oder vom

Freizeitsport in der Mensa. Die freie Zeit vom Abendbrot bis zum Zubettgehen verbrachten sie meistens in den Wohnhäusern, in denen jeweils eine Klasse untergebracht war. Für die Schüler der gymnasialen Oberstufe gab es ein separates, „selbstverwaltetes" Wohnhaus. Abends machten die Schüler Spiele, hörten Musik oder erledigten die Hausaufgaben. Fußball- oder Basketballturniere in der Sporthalle waren auch sehr beliebt. Den Schülern fiel es schwer, die Ordnung in den Gemeinschafts- und Schlafräumen aufrechtzuerhalten. Wenn sie in der Küche gekocht hatten, ließen sie Töpfe und Geschirr gerne verschmutzt zurück. Ohne ein striktes Regelwerk wäre in den Wohnhäusern das Chaos ausgebrochen. Mit Kommandomethoden kam man allerdings nicht weit. Man musste die Schüler davon überzeugen, dass die Ordnung im "eigenen Haus" die Lebensqualität aller Bewohner erhöht. Gute Erfahrung machte ich mit dem erzieherischen Prinzip der Belohnung. Da die Wohnhäuser von großen Bäumen umgeben waren, mussten im Herbst Berge von Laub zusammengefegt und auf dem Kompost deponiert werden. Ich legte für unser Haus den Laub-Termin fest und kündigte an, dass es nach getaner Arbeit zur Belohnung Pfannkuchen mit Apfelmus gibt. Beim ersten Termin halfen von 30 Schülern nur 10 bei der Laubaktion mit. Beim zweiten Termin waren es schon 20. Der Appetit auf Leckeres hatte geholfen, die Bequemlichkeit zu überwinden. Ich ließ unter den Schülern auch zwei Haussprecher wählen, die mich bei der erzieherischen Arbeit im Internatshaus unterstützten. Einer von den beiden wurde später Abgeordneter der Grünen in Brandenburg. Verantwortung für das Gemeinwesen zeigt sich bei Kindern mitunter schon sehr früh. Deshalb ist eine Schule gut beraten, wenn sie die Schüler in altersgerechter Form in Entscheidungsprozesse einbindet. Der Einsatz für die Schulgemeinschaft ist auch eine Ausbildung in zivilgesellschaftlichem Engagement.

Besonders positiv auf die Pädagogik der Schulfarm Scharfenberg hat sich die Landwirtschaft ausgewirkt. Zu meiner Zeit war die Arbeit auf dem schuleigenen Bauernhof noch fest in den Lehrplan der Schule eingebunden. Jede Klasse war für die Betreuung einer Tierart zuständig: Klasse 7 für die Kaninchen, Klasse 8 für die Hühner, Klasse 9 für Schweine und Kühe und schließlich Klasse 10 für die Pferde. Zur Betreuung gehörte das Füttern der Tiere, die Reinigung der Ställe, das Abholen der Eier aus der Hühnerfarm, das Striegeln der Pferde und die Schur der Schafe. Die Schüler taten das mit Hingabe und einer Zuverlässigkeit, die man ihnen von ihrem Engagement im Unterricht her nicht zugetraut hätte. Niemand wollte sich nachsagen lassen, "seine Tiere" vernachlässigt zu haben. Selbst in den Sommerferien reisten einige Mädchen täglich aus der Innenstadt an, um ihre Tiere zu versorgen, obwohl der Hausmeister angeboten hatte, diese Aufgabe in der Ferienzeit für sie zu übernehmen. Heute gibt es Grundschulen, die mit ökologisch wirtschaftenden Bauernhöfen Kooperationen eingehen. Dabei machen sie bei ihren Schülern dieselben

Erfahrungen, wie wir sie gemacht haben. Der Umgang mit Tieren bildet Tugenden aus, die der herkömmliche Unterricht nicht zu entwickeln vermag. Tiere fördern Fürsorglichkeit und Verantwortungsgefühl. Sie erziehen zu Pünktlichkeit und Selbstdisziplin. Der Körperkontakt mit Tieren ist zudem für Kinder eine Art von Seelenbalsam. Er kann ihre Fantasie anregen und ihre Erlebnisfähigkeit vertiefen. Die Empathie, die sie für Tiere empfinden, wird auch dem Umgang mit Menschen zugutekommen.

Rudern bei Eisgang

Außenstehende stellen sich eine Schule auf einer Insel sehr idyllisch vor. Am Abend war es aber auch beschwerlich, die Insel zu erreichen oder sie wieder zu verlassen. Es gab zwei Motorfähren, eine große für Autos und eine kleine für Personen. Die Personenfähre stellte nach 21 Uhr ihren Betrieb ein, ebenso an Sonn- und Feiertagen. Dann konnte man die Insel nur noch mit dem Ruderboot erreichen oder verlassen. Es gab drei davon, wobei die Regel zu beachten war, dass auf jeder Seite des Fahrwassers immer ein Boot deponiert sein musste. Sonst hätte man, wenn man nachts aus der Stadt kam, nicht mehr auf die Insel zurückkehren können. Um auf jeder Seite einen Kahn zu haben, musste man mitunter dreimal rudern, also bei einer Fahrt einen Kahn ankoppeln und ihn auf die andere Seite schleppen. Um dies zu vermeiden, wandten die Schüler gerne einen Trick an. Wenn sie ins Kino gingen, versteckten sie auf der

Festlandseite einen Kahn im Schilf, um nachts auf alle Fälle einen vorzufinden. Die Schüler lernten in den Klassen 7 und 8 rudern und paddeln, in den Klassen 9 und 10 surfen und segeln. Die meisten Lehrer hatten einen Segelschein, um am Nachmittag die Schüler auf den Segelbooten beaufsichtigen zu können. Ich erinnere mich noch gut an dunkle Nächte, in denen ich um 23 Uhr nach Dienstschluss mit einem Ruderboot über den stürmischen Tegeler See ans Festland ruderte. Ich trug ein Stirnband mit einer Leuchte, um nicht vom Kurs abzukommen. Auch Abende, an denen ich durch sich auftürmende Eisschollen rudern musste, habe ich nicht vergessen. An dieser Schule zu unterrichten, hatte eben auch einen gewissen Abenteuerwert. In den zehn Jahren meiner Tätigkeit in der Schulfarm Scharfenberg ist der Tegeler See zweimal zugefroren. Dann konnte ich mit Schlittschuhen oder, wenn Schnee gefallen war, mit Langlaufskiern auf die Insel fahren. Bei den Schülern hatte man durch solche sportlichen Aktivitäten einen Stein im Brett. Ich schwamm auch beim Wettbewerb "Schwimmen rund um Scharfenberg" mit, an dem einmal im Jahr Schüler aus allen Berliner Schulen teilnahmen.

Leinen los!

In der Schulfarm Scharfenberg habe ich das Segeln gelernt. Schon in meiner ersten Woche erzählte mir der Schulleiter, er habe mich zum nächsten Segelkurs angemeldet. Möglichst viele Lehrer sollten den Segelschein erwerben, um die Schüler zu beaufsichtigen, wenn sie am Nachmittag mit den schuleigenen Booten auf dem Tegeler See segelten. Die theoretische Ausbildung fand in der Seglerstube des Fährhauses statt, für die praktische Ausbildung benutzten wir die schuleigenen Boote. Unser Ausbilder war ein Sportlehrer, der selbst ein guter Segler war. Im Hafen der Schule gab es Traditionsboote aus Holz und moderne Boote aus Kunststoff. Bei der Pflege der Holzboote half unser Tischler, der auch den Segelschein hatte. Im Sommer 1990 legte ich die Segelprüfung ab. Schon im Herbst kaufte ich mir ein kleines Kajütboot, das ich im Bootshafen der Schulfarm vertäute. Meine Segelbegeisterung stieg von Jahr zu Jahr, so dass ich mir bald ein Traditionsboot kaufte, eine „Varianta 65" der Firma Dehler. Außerdem trat ich in einen Segelverein ein. Bald machte ich auch den Sportboot-Führerschein See, der es mir erlaubte, auf der Ost- und Nordsee zu segeln. Das "Kaffee-Segeln", das ich zuerst mit meiner Familie praktiziert hatte, wurde jetzt durch sportliches Segeln abgelöst. Mit meiner Frau, die inzwischen auch den Segelschein erworben hatte, beteiligte ich mich an Segel-Regatten auf dem Tegeler See. Nach der Wiedervereinigung konnten wir auch die Gewässer in Brandenburg und Mecklenburg-Vorpommern mit dem Boot erkunden. Drei Mal umrundete ich mit einem gecharterten Segelboot mit wechselnden Crews die Insel Rügen. Diesen bei Seglern beliebten Törn kann man bei günstigen Winden in einer Woche schaffen. Bis heute bin ich begeisterter Segler. Ich bin der Schulfarm Scharfenberg dankbar, dass sie mir den Anstoß für diesen schönen Sport gegeben hat.

Strenges Regiment

Eine Referendarin, die ich in Deutsch und Geschichte betreute, hatte während ihres Studiums mit ihrem Lebenspartner an einer Weltumsegelung teilgenommen. Sie erklärte sich bereit, unsere Segelabteilung auf Vordermann zu bringen, die in einem verlotterten Zustand war. Sie entmüllte den Bootsschuppen, legte Inventarlisten an und gab unserem Tischler Aufträge zur Überarbeitung unserer Holzboote. Vor allem legte sie Regeln fest, die die Schüler beim Benutzen der Segelboote zu beachten hatten. Sie kämpfte gegen die Unsitte, nach dem Segeln das Boot am Steg zu vertäuen und die Segel angeschlagen zu lassen. Wenn sie nicht geborgen und ordentlich verstaut werden, werden sie durch Nässe unansehnlich. Wenn sie ständig im Wind flattern, können sie auch beschädigt werden. Die Referendarin begann ein straffes Regiment. Wer nach dem Segeln die Segel nicht ordentlich im Bootschuppen verstaute, wurde einen Monat lang vom Segeln ausgeschlossen. Um die Regel durchzusetzen, kettete sie alle Boote an und gab die Schlüssel dem Fährmann, der einer Liste entnehmen konnte, wer gerade segelberechtigt war. Die lange Winterzeit füllte sie mit Wartungs- und Pflegearbeiten. Jeder Schüler, der im Sommer segeln wollte, musste im Winter 20 Arbeitsstunden absolviert haben. Die Stunden wurden in einem Arbeitsbuch durch Klebemarken dokumentiert. Schon nach kurzer Zeit war die Segelabteilung in Schuss. Boote und Material waren in tadellosem Zustand und wurden pfleglich behandelt. Als die Referendarin nach dem Examen die Schule verließ, kehrte der alte Schlendrian zurück. Keiner der Sportlehrer fühlte sich bemüßigt, das erfolgreiche Regiment fortzusetzen, das die segelbegeisterte Kollegin eingeführt hatte. Woran lag das? Gemeineigentum wird immer schlechter behandelt als Privateigentum. Daran sind alle sozialistischen Staatsexperimente gescheitert. Und eine reformpädagogisch geprägte Schule kann nur gedeihen, wenn die Lehrkräfte sich mehr engagieren, als es der Dienst nach Vorschrift verlangt.

Wildtiere erobern die Schule.

Da ein Drittel der Insel Scharfenberg als Naturschutzgebiet ausgewiesen ist, konnte es nicht ausbleiben, dass uns die dort lebenden Wildtiere auf die Pelle rückten. Damals betrieb die Landwirtschaft neben der Tierhaltung auch noch Feldbau. Wenn eine Rotte Wildschweine wieder einmal die Felder umpflügte, um an die nahrhaften Früchte zu gelangen, schlug der Landwirt Alarm. Mit Trara rückte dann die von Schülern gebildete Inselfeuerwehr aus und vertrieb das Borstenvieh von den Äckern. Wildschweine sind gute Schwimmer. Sie kommen gerne aus den umliegenden Waldgebieten auf die Insel, um sich an den

Blumenzwiebeln in den Vorgärten der Internatshäuser gütlich zu tun. Im Heizungsraum des Schulgebäudes zog einmal eine Fuchsfähe ihren Wurf groß. Über ein kaputtes Kellerfenster war sie eingedrungen und hatte den warmen Raum als ideale Kinderstube entdeckt. Zum Glück fiel in der Zeit der Aufzucht der Welpen die Heizung nicht aus. Sonst hätten die Monteure den Familienfrieden der Füchse empfindlich gestört. Nachdem die Jungen ausgezogen waren, untersuchte eine Schulklasse im Biologie-Unterricht die Überreste der Tiere, die die Füchsin ihren Jungen serviert hatte. Es waren Mäuse, Ratten, Vögel und Kaninchen. Einen krassen Fall von Inbesitznahme menschlichen Wohnraums durch eine Tierfamilie gab es in der Schulküche. Eines Tages bemerkte eine Küchenfrau, dass von der Decke eine übelriechende Flüssigkeit tropfte. Als der Hausmeister den Dachboden inspizierte, sah er, dass dort eine Familie Waschbären hauste. Die Jungen waren schon kräftig herangewachsen. Es stank bestialisch, weil der Boden mit Kot, Urin und den Überresten der „Mahlzeiten" bedeckt war. Sofort schloss die Schulleitung die Küche aus Hygienegründen. Der Förster und ein Kammerjäger sammelten die Waschbärenfamilie ein und setzten sie im Tegeler Forst wieder aus. Waschbären sind schlaue Tiere, die sich überall zurechtfinden. Als Allesfresser greifen sie auch gerne auf Küchenabfälle zurück. In der Oberstube der Mensa-Küche saß die Familie an der Quelle. In freier Wildbahn wird es für sie schwieriger gewesen sein, Beute zu machen. Ein Dachdecker schloss am Dach der Küche alle Ritzen und verschraubte die untere Ziegelreihe fest mit den Holzlatten. Danach war eine Wiederholung der Einquartierung ausgeschlossen.

„Geschichte wird gemacht, es geht voran!" (Fehlfarben)

In meine Scharfenberger Zeit fiel der Fall der Berliner Mauer. An den Tag kann ich mich noch gut erinnern. Am 9. November 1989, einem Donnerstag, hatte ich Nachtdienst im Internat. Die Schüler gehen nach ihrem Alter gestaffelt zu Bett. Die beiden Lehrer, die des Nachts im Internat Dienst versahen, kontrollierten in den Schlafzimmern die Vollzähligkeit der Bewohner. Als ich gegen 21 Uhr mit meiner Taschenlampe an einem Lehrerwohnhaus vorbeiging, öffnete der Kollege das Fenster und rief mich in sein Wohnzimmer. Er hatte den Fernseher laufen und sagte fassungslos: "Die Mauer ist offen, das ist ja Wahnsinn." - Ich brach meinen Kontrollgang ab und schaute mit ihm und seiner Frau bis gegen Mitternacht das Live-Programm des SFB (Sender Freies Berlin). Am nächsten Morgen versammelte der Schulleiter nach dem Frühstück alle Schüler in der Aula und gab bekannt, dass heute der reguläre Unterricht ausfällt und stattdessen alle Klassen in Begleitung zweier Lehrer an verschiedene Grenzkontrollpunkte gehen, um die Maueröffnung live zu erleben. In diesen Tagen geschah etwas, wovon Geschichtslehrer immer träumen. Vor unser aller Augen ereignete sich Geschichte. Ich erklärte meinen Schülern, dass wir jetzt ein ähnliches Erlebnis haben, wie es Goethe bei der Schlacht von Valmy am 20. September 1792 hatte. Damals sagte er: *"Von hier und heute geht eine neue Epoche der Weltgeschichte aus, und ihr könnt sagen, ihr seid dabei gewesen."* Dieses Wort hat sich nach der Maueröffnung tatsächlich bewahrheitet. Das kommunistische Imperium löste sich auf, die Staaten des Warschauer Pakts wurden selbstständige Nationen. Viele wandten sich dem Westen zu und wurden Mitglied in der NATO und der Europäischen Union. Bis heute gilt die Frage als geflügeltes Wort: "Kannst du dich noch daran erinnern, wie du am 9. November 1989 den Fall der Berliner Mauer erlebt hast?"

AURIGA: Der Fuhrmann

Der Schulfarm Scharfenberg verdanke ich die Gründung eines eigenen Verlags, den ich „Verlag AURIGA Berlin" nannte. Als ich eines Tages ins Sekretariat kam, saß dort ein älterer Herr und plauderte mit der Sekretärin. Sie verwies ihn an mich, da er ein historisches Anliegen hatte. Er stellte sich als ehemaligen Schüler der Schulfarm vor, der während der Zeit des Nationalsozialismus Schüler gewesen sei und auch in dieser Zeit sein Abitur abgelegt habe. Über seine damaligen Erlebnisse habe er ein Manuskript geschrieben, für das er einen Verlag finden möchte. Er vertraute mir das kostbare Konvolut an und bat mich um Unterstützung bei der Publikation. Schon beim ersten

Lesen war mir klar, dass es sich um wertvolle Informationen handelt, wie sie in keinem historischen Buch über diese finstere Zeit zu finden waren. Der Autor beschreibt, wie die Nationalsozialisten die Pädagogik der Schule umkrempelten, wie sie den reformpädagogischen Geist durch das Führerprinzip ersetzten. Ein ausführliches Kapitel widmet der Text der Kinder-Land-Verschickung (KLV), die für die Scharfenberger Schüler schon 1941 begann, weil Briten und Amerikaner damals anfingen, Berlin zu bombardieren. Schüler und Lehrer der Schulfarm wurden aufs Land verfrachtet, ins Riesengebirge, nach Mähren oder Pommern. Auf einer Gesamtkonferenz stellte ich das Buch dem Lehrerkollegium vor. Das Interesse des Kollegiums war verhalten, die Schulleitung nicht bereit, das Buch in eigener Regie herauszugeben und dafür Gelder einzuwerben. Deshalb gründete ich kurzerhand meinen nicht-kommerziellen Verlag, der heute noch besteht. Im Jahr 1997 erschien das Buch unter dem Titel: Heinz K. Jahnke, „Scharfenberg unter dem Hakenkreuz". Es wurde ein großer Erfolg. 1.000 verkaufte Exemplare sind für ein Sachbuch mit einer so spezifischen Thematik bemerkenswert. In einer Besprechung lobte die „Berliner Morgenpost" das Buch als wichtige Quelle der Schulgeschichte zur Zeit des Nationalsozialismus. Das Buch ist ein gutes Beispiel für die Disziplin „Geschichte von unten", die im angelsächsischen Raum „Oral History" genannt wird. Heute ist der Markt voll von Berichten von Zeitzeugen aus der NS-Zeit oder aus der ehemaligen DDR. Am 10. Oktober 2019 ist der Autor Heinz K. Jahnke im

Alter von 94 Jahren in den USA gestorben. Bis zu seinem Tod war er der älteste noch lebende Scharfenberger.

Rettung der Schule und Abschied

1999 habe ich diese Schule, die mir so ans Herz gewachsen war, nach 10-jähriger Tätigkeit wieder verlassen. Schuld daran war die Berliner Politik. 1995 stand in der Berliner Morgenpost, dass der damalige Finanzsenator Thilo Sarrazin beabsichtige, die Schulfarm wegen zu hoher Kosten zu schließen. Das Internat war tatsächlich nicht mehr voll belegt, die laufenden Kosten blieben hoch. Zusammen mit dem Vorsitzenden der Gesamtelternvertretung und dem Vater eines Schülers formulierte ich das "Memorandum zur Erhaltung der Schulfarm Scharfenberg als Reformschule". Darin legten wir dar, warum es sinnvoll sei, die Schule mit einem zeitgemäßen reformpädagogischen Konzept zu erhalten und weiterzuentwickeln. In die Unterschriftenliste zu diesem Text haben sich in der Folge über 2.000 Freunde der Schulfarm eingetragen. Die Unterschriften wurden, da es das Internet noch nicht gab, mit   Listen gesammelt. Der Schulträger - damals der Bezirk Reinickendorf - erteilte einer schulischen Reformgruppe den Auftrag, dieses Konzept zu erarbeiten. Von einem Professor für Geschichte der Pädagogik der Universität Potsdam holten wir uns fachlichen Rat. Das Konzept fand in der Senatsschulverwaltung, bei den Parteien des Bezirks und bei Eltern und Schülern großen Zuspruch. Die Lehrer waren die einzige Gruppe, die es ablehnte. Die Mehrheit befürchtete persönliche Nachteile, unbequemere Dienstzeiten und mehr Einsatz im Internat. Der Senat hatte damals nicht den Mut, sich gegen eine Berufsgruppe durchzusetzen, die aus egoistischen Gründen ein sinnvolles Reformprojekt blockierte. Zusammen mit meinen wenigen Mistreitern im Kollegium stellte ich einen Versetzungsantrag und verließ die Schulfarm. Aus der Ferne mussten wir dann erleben, wie ein völlig anderes Konzept verwirklicht wurde. Die Schule wurde für Kinder aus den umliegenden Ortsteilen geöffnet und für diese Tagesschüler ein gebundener Ganztagsbetrieb eingeführt. Das Internat wurde von der Schule abgekoppelt und einem freien sozialen Träger übergeben. Damit wurde das reformpädagogische Erbe, die Einheit von Lernen und Leben, preisgegeben. Die Schulfarm Scharfenberg kann sich seither nicht mehr rühmen, Mitglied in der Gemeinschaft der reformpädagogischen Schulen Deutschlands zu sein. Für mich galt es wieder, nach einer neuen Schule Ausschau zu halten.

Hexensabbat und Schwarze Pädagogik

Wenn ich nach Erlebnissen gefragt werde, an denen der reformpädagogische Geist der Schule deutlich wird, fallen mir zwei Episoden ein. Gleich im ersten Jahr meiner Tätigkeit an dieser Schule gab es ein schönes

Gemeinschaftserlebnis. Der über den Bezirk Reinickendorf hinaus bekannte Kunstlehrer Siegfried Kühl („Bonzo") hatte zum 100-jährigen Geburtstag der Malerin Hannah Höch eine große Skulptur aus Bronze gestaltet. Von 1939 bis zu ihrem Tod 1978 lebte die Künstlerin in Heiligensee und die Kunstlehrer der Schulfarm besuchten sie des Öfteren mit ihren Schülern in ihrem Atelier. Die Skulptur wurde vom Bezirksamt finanziert und auf einer Landzunge an der Großen Malche am Tegeler See errichtet. Zur Einweihung wanderte die ganze Schulgemeinde sechs Kilometer bis zum Ort des Geschehens. Die Reden der Offiziellen wurden von Darbietungen des Schulchors umrahmt. Solche gemeinschaftsbildenden Aktionen hatte ich in den Schulen zuvor nicht erlebt.

Ein zweites Gemeinschaftserlebnis habe ich selbst meinen Schülern beschert. Einige Mädchen aus der 10. Klasse wollten am 30. April, der damals auf einen Sonnabend fiel, auf der Insel die Walpurgisnacht feiern. Inselwochenenden waren bei Schülern beliebt, weil die Masse der Schüler freitags nach Hause fuhr und die Zurückbleibenden die ganze Insel für sich hatten. Sie brauchten aber immer eine verantwortliche Lehrkraft, die auch auf der Insel schlief und ihre Aktivitäten im Auge behielt. Auf dem höchsten Berg der Insel, dem zehn Meter hohen "scharfen Berg", von dem der Name der Insel herrührt, hielten wir einen zünftigen Hexensabbat ab - mit Holzfeuer, Verkleidung, Tanz und Zaubersprüchen. Einige Jungen, die zur Sabbatfeier selbst nicht zugelassen waren, bereiteten unterdessen in der Schulküche für die "Hexen" einen Imbiss vor. Auch diese Veranstaltung steht in der Tradition der Reformpädagogik, die künstlerische Aktivitäten für die Entwicklung der Persönlichkeit der Schüler sehr schätzte.

Ein negatives Erlebnis hatte ich mit einem Schüler der 10. Klasse. Beim gemeinsamen Mittagessen in der Mensa bewarf er Mitschüler mit Pflaumen, die es als Nachtisch gab. Die Schüler traten, wenn sie Nachschlag fassten, in die zermanschten Früchte. Ich bat den Schüler zum Gespräch und verpflichtete ihn zu einem Reinigungsdienst in der Mensa. Dazu stellte ich ihm einen Laufzettel aus, den er nach erledigtem Dienst vom aufsichtführenden Lehrer abzeichnen lassen sollte. Diese Lehrkraft teilte mir später mit, dass der Schüler nicht erschienen sei. Jetzt wusste ich, dass eine Kraftprobe bevorstand. Ein gemeinsames Gespräch beim Schulleiter verlief, ohne dass der Schüler Einsicht gezeigt hätte. Ich schrieb darauf einen Brief an seinen Vater, der in Berlin eine psychologische Praxis führte. Ich wies ihn darauf hin, dass ein wichtiger Erziehungsgrundsatz unserer Schule das Prinzip der Wiedergutmachung sei: Wer sich an der Gemeinschaft versündig hat, muss sich mit ihr durch einen Gemeinschaftsdienst versöhnen. Das Verhalten seines Sohnes habe den Respekt an unseren Küchen- und Reinigungsfrauen vermissen lassen, denen unsere Schule dieselbe Würde zumisst, wie Lehrer und Schüler sie für sich beanspruchen. Der Vater beschimpfte mich in seinem Antwortbrief als einen Vertreter der „Schwarzen Pädagogik" und zitierte den Roman „Unterm Rad" von Hermann Hesse, in dem ein Schüler von gnadenlosen

Lehrern in den Selbstmord getrieben wird. Starker Tobak. Die Küchenchefin bedankte sich bei mir für meinen Brief. Er hing noch wochenlang an der Essensausgabe der Mensa. Ein halbes Jahr später verließ der Schüler die Schulfarm Scharfenberg auf eigenen Wunsch. Mir hat der Vorfall gezeigt, dass Gemeinschaftsfähigkeit für ein harmonisches Zusammenleben in der Schule unabdingbar ist. Mitunter muss man um diese Tugend kämpfen.

John Lennon verdrängt August Bebel

Meine letzte Station vor dem Ruhestand war ein Gymnasium im ehemaligen Ostteil der Hauptstadt, also eine Ex-DDR-Schule. Inzwischen war das Internet-Zeitalter angebrochen. Im Netz suchte ich nach Schulen, die meinen pädagogischen Vorstellungen entsprachen. So stieß ich auf das John-Lennon-Gymnasium im Berliner Bezirk Mitte. Als ich den Namen des Schulleiters erfuhr, wurde mir bewusst, dass ich mit ihm die Ausbildung zum Theaterlehrer absolviert hatte. Auch an den Schultheater-Tagen am Luise-Henriette-Gymnasium in Berlin-Tempelhof hatten wir mit unseren Inszenierungen teilgenommen. Berlin ist ein Dorf. Nach einigem Hin und Her zwischen den betroffenen Schulräten gelang der Wechsel und ich fing 1999 an, am JLG zu unterrichten. Die Schule war eine ehemalige Polytechnische Oberschule der DDR gewesen. Nach der Wende wurde der Namenspatron August Bebel "entsorgt" und durch John Lennon ersetzt. Als Historiker hat mich die

Abwahl August Bebels erstaunt. Der Mitbegründer der Sozialdemokratischen Partei Deutschlands war eine honorige Persönlichkeit und der große Gegenspieler von Otto von Bismarck. Liebevoll wurde er „Arbeiterkaiser" genannt. Die Entartung der DDR zum Unrechtsstaat kann man ihm 40 Jahre nach seinem Tod wohl kaum anlasten. Die DDR war trotz der 1946 vollzogenen Zwangsvereinigung von SPD und KPD eine genuin kommunistische Gründung, bei der die SPD unter die Räder kam. Die Verdrängung von August Bebel durch einen Rock ´n´ Roll-Freak und Hasch-Rebellen kann man nur aus der Zeit heraus verstehen. Im ersten Jahrzehnt nach der Wende galt in den neuen Bundesländern das Motto der Zigarettenwerbung: "Let´s go west!". Von Ost-Nostalgie („Ostalgie") war noch nichts zu spüren. Der Name John Lennon für ein Gymnasium war äußerst ungewöhnlich. Ich kann mich an Fortbildungen erinnern, wo mich Kollegen launig fragten, ob bei uns der Hausmeister oder der Klassenlehrer für die Ausgabe der Drogen zuständig sei. Solche Fragen kamen von Lehrern, deren Gymnasien die ehrwürdigen Namen Goethes, Kants oder Lessings trugen.

John-Lennon-Gymnasium in Berlin-Mitte

Als ich an die Schule kam, war das Kollegium schon zur Hälfte aus Ost- und West-Lehrern gemischt. Der Schulleiter war ein ehemaliger Lehrer der John-F.-Kennedy-Schule im West-Berliner Bezirk Zehlendorf. Er war mit knapper Mehrheit vom Kollegium gewählt worden. Die Schule stand am Beginn eines Reformprozesses. Die Erstellung eines Schulprogramms sollte dazu dienen, die Schulqualität zu verbessern. Ich wirkte in der Steuergruppe mit, die die Programmentwicklung anleitete. An dieser Schule lernte ich, dass es möglich ist, einen qualitativ hochwertigen Unterricht und ein reichhaltiges kulturelles Leben zu etablieren, wenn es gelingt, das ganze Kollegium dafür zu begeistern. Ein Reformprojekt nach dem anderen wurde verwirklicht und durch verantwortliche Personen verstetigt. Binnen zehn Jahren rückte das JLG aus dem Mittelfeld in die Spitzengruppe der Berliner Gymnasien vor. An dieser Schule lernte ich, dass die Schulentwicklung in erster Linie vom Schulleiter abhängt. Er hat es in der Hand, ob eine Schule sich nur verwaltet oder sich darum bemüht, auf allen Feldern des Schullebens besser zu werden.

Als ich ins Kollegium kam, konnte ich auf Anhieb nicht mehr erkennen, wer aus dem Osten oder Westen stammte. Zu sehr hatten sich Umgangsformen und Sprechweisen angeglichen. Erst wenn ich nachfragte, offenbarte sich, dass die Kollegin aus Schwerin und der Kollege aus Braunschweig kam. Manchmal täuschte ich mich auch gehörig. Eine junge Frau mit grellroten Haaren und nach dem neuesten Mode-Schick gekleidet verwickelte mich in ein Gespräch. Sie trat so selbstsicher und von sich überzeugt auf, dass ich - dem damals üblichen Klischee folgend - auf eine Westbiografie tippte. Gefehlt. Sie stammte aus Weimar. Sie war auch die erste, die an eine Schule im Westen Berlins wechselte, weil es damals für Beamte in Ost- und West-Berlin noch ungleiche Gehälter gab. Pädagogische Kompetenz verteilt sich nicht nach der Himmelsrichtung, sondern nach Talent und dem Grad an Empathie, die man für junge Menschen aufbringt. Mir fiel auf, dass die meisten der mathematisch-naturwissenschaftlichen Fachbereiche fest in Frauenhand waren. Sieht man von den ideologiebelasteten Fächern Deutsch, Geschichte und Politik ab, war die wissenschaftliche Ausbildung in der DDR genauso gut wie im Westen. Bei einer Rede im Kollegium meinte ich launig, unserer Schule stehe eine große Zukunft bevor. In den USA erwirtschafteten Firmen, die von Frauen geführt werden, einen höheren Profit und gingen weniger oft in Konkurs. Ihr Führungsstil sei nämlich Kooperation statt Konfrontation. Allgemeine Erheiterung.

John-Lennon-Tag

Wenn ich im Unterricht auf unseren Namenspatron zu sprechen kam, merkte ich, dass die meisten Schüler über John Lennon nicht viel wussten. Dass er Mitglied der Beatles war, war allen geläufig. Über seine Herkunft, seine Schulzeit, seine Texte und Melodien und über sein Engagement für den Frieden wussten sie wenig. In der Steuergruppe schlug ich vor, um den 8. Dezember herum – dem Tag seiner Ermordung – einen Projekttag für einen ganzen Schülerjahrgang abzuhalten. An der Schule galt der Grundsatz: Wer ein Projekt vorschlägt, muss es auch verantworten. So war ich in der Pflicht. Ich machte mich ans Werk. Die Schüler des 9. Jahrgangs wählten sich am John-Lennon-Tag in Projektgruppen ein, in denen bestimmte Aspekte des Lebens und Wirkens von John Lennon erarbeitet wurden. Rund 15 Kollegen aus verschiedenen Fächern übernahmen die Betreuung. Am Nachmittag trafen sich die Gruppen in der Aula und stellten dem Plenum ihre Ergebnisse vor. Zur musikalischen Untermalung sang der Schulchor bekannte Songs der Beatles. Dieser Projekttag war sehr erfolgreich und wurde von den Schülern richtig verehrt. Im Schulfoyer gab es am 8. Dezember einen kleinen Altar mit einem Foto von John Lennon, an dem Schüler eine Art Mahnwache hielten. Das war feierlich und anrührend. Ich habe den John-Lennon-Tag bis zu meiner Pensionierung organisiert. Er wurde zu einem festen Bestandteil der Schulkultur.

Zeitgeschichte live 2

In den USA entführten am 11. September 2001 Kommandos der Terrororganisation al-Qaida in den frühen Morgenstunden vier Passagierflugzeuge und steuerten sie in symbolisch bedeutsame Gebäude: Zwei zerschellten an den Türmen des World Trait Centers in New York, ein weiteres am Pentagon in Washington und das vierte auf freiem Feld in der Nähe von Pittsburgh. Mutige Passagiere hatten den Anflug auf das Capitol in Washington verhindert. Als ich um 14 Uhr dieses denkwürdigen Tages, es war ein Dienstag, aus der Schule nach Hause kam, liefen im Radio und im Fernsehen Sondersendungen. In Endlosschleife wurden Bilder von den Einschlägen der beiden Flugzeuge in die Zwillingstürme des WTC gesendet. Sie brannten sich als ikonische Zeugnisse des Grauens in das Gedächtnis der Menschen ein. Am nächsten Tag wurde in allen Klassen über die Ereignisse in den USA diskutiert. Im Geschichts- und Politikunterricht wurde als

Unterrichtsgegenstand der islamistische Terror auf die Tagesordnung gesetzt. Der 11. September 2001, in den USA mit dem Kürzel „9 / 11" bezeichnet, hat die Welt verändert. Die NATO stellte zum ersten Mal seit ihrem Bestehen den Bündnisfall fest und beteiligte sich am Krieg der USA gegen Afghanistan, wo sich die Hintermänner der Anschläge versteckt hatten. Der „Krieg" des politisch aufgeladenen Islam gegen unsere freiheitliche Lebensordnung hält bis heute an.

„Wie hab ich das gefühlt, was Abschied heißt ..." (Rainer Maria Rilke)

2011 wurde ich in den Ruhestand verabschiedet. Die Schulleitung organisierte für mich eine würdige Feier. Der Schulleiter besaß nicht nur Stil, er wusste auch, was die Schule meinem Wirken verdankte. Ich habe zehn Jahre lang in der Steuergruppe mitgewirkt, die die innere Schulreform organisiert hat. Zum Abschluss dieser Arbeit habe ich das Schulprogramm geschrieben. An wichtigen Reformen wie der kollegialen Hospitation und der Bewertung der Lehrer durch die Schüler war ich beteiligt. Zum Beginn meiner Verabschiedungsfeier hielt der Schulleiter eine Rede, in der er meine Verdienste für die Schule würdigte. Dann kam ich an die Reihe. In meiner Rede stellte ich dar, warum das John-Lennon-Gymnasium in meiner schulischen Karriere die erste Schule war, an der ich meine pädagogischen Vorstellungen verwirklichen konnte. Meine Frau, die gut rezitieren kann, trug Texte vor, die meine pädagogischen Überzeugungen verdeutlichten. So zum Beispiel den berühmten Aphorismus von Antoine de Saint-Exupéry über die Bedeutung der Motivation: *"Wenn Du ein Schiff bauen willst, dann trommle nicht Männer zusammen, um Holz zu beschaffen, (...) sondern lehre die Männer die Sehnsucht nach dem weiten, endlosen Meer."* Höhepunkt der Feier war der Festvortrag von Bernhard Bueb, dem ehemaligen Leiter der Schule Schloss Salem am Bodensee. Er war einige Jahre zuvor auch als Bestseller-Autor hervorgetreten ("Lob der Disziplin", 2006). In seinem Vortrag plädierte er für eine Pädagogik, die die Vermittlung von Fachwissen mit der Entwicklung der Persönlichkeit der Schüler verbindet. Nach den Reden gab es ein reichhaltiges Buffet und den üblichen Smalltalk. Danach verließ ich, reichlich mit Abschiedsgeschenken versehen, die Schule, an der ich mich so sehr wohlgefühlt hatte.

Von meinen Schülern habe ich mich in einer gesonderten Feier verabschiedet. Ich war damals Klassenlehrer einer 9. Klasse, deren Schüler sehr an mir hingen. Wir hatten nicht nur ein gutes Verhältnis im Unterricht, auch durch außerschulische Aktivitäten wie Wandertage, Klassenfahrten und Feiern hatte sich eine gute Vertrauensbasis entwickelt. Zur Verabschiedung lud mich die Klasse in ein Restaurant ein, dessen Veranstaltungssaal sie gemietet hatte. Neben den Schülern waren auch alle Eltern anwesend. Über eine Stunde lang gestalteten sie eine kleine Revue, bestehend aus Reden, Gedichtvorträgen und Musikbeiträgen. In der Klasse gab es einige musikalische

Schüler, die in ihrer Freizeit in Bands spielten. Auch der Elternvertreter hielt eine Rede. Ich bedankte mich für diese überschwängliche und herzliche Verabschiedung und wünschte allen Schülern einen guten Weg hin zum Abitur. Bei späteren Schulfesten habe ich einige der Schüler, die inzwischen Studenten waren, wiedergetroffen.

Teamteaching und Schule unter Wasser

Auch vom John-Lennon-Gymnasium sind mir einige Erlebnisse mit Schülern in Erinnerung geblieben. Gemeinsam mit einer Physiklehrerin führte ich sog. Seminarkurse durch. Der Senat erlaubte damals das Teamteaching. Zwei Lehrkräfte unterrichteten gemeinsam einen Oberstufenkurs. Unser Kursthema lautete: "Die Geschichte der wissenschaftlichen Erfindungen und Entdeckungen von Platon bis Max Planck". Im Unterricht flossen physikalische und historische Lerngegenstände zusammen. Bei den Schülern war der gemeinsame Auftritt zweier Lehrer sehr beliebt. Zudem konnte dieser Kurs auch für das Abitur gewählt werden. Leider fiel diese sinnvolle Innovation dem Sparzwang des Berliner Senats zum Opfer.

Als das Thema Klimawandel in der Gesellschaft aufkam, plante ich mit derselben Kollegin das Projekt "Wir retten die Welt". Alle Oberstufenschüler wurden eingebunden. Sie mussten sich einem der Fächer zuordnen, die zum Thema etwas beitragen konnten. Im Kern waren das die Fächer Physik, Chemie, Biologie, Geografie und Politische

Wissenschaft. Aber auch die Fremdsprachen Englisch und Spanisch kamen zum Zug. Ein Teil der Schüler bildete die Generalversammlung der Vereinten Nationen. Immer drei Schüler mussten sich für ein Land entscheiden, wobei die Hauptklimasünder und die vom Klimawandel am meisten betroffenen Staaten im Fokus standen. Die anderen Schüler bildeten naturwissenschaftliche Expertenteams, die die Politiker mit ihrer Expertise versorgten. Die Sprachkundigen übersetzten die Reden ins Spanische und Englische. An mehreren Projekttagen wurde der große Auftritt in der UN-Debatte vorbereitet, der an einem Tag über die Bühne ging. Ich habe selten erlebt, dass sich Schüler so engagiert und diszipliniert einem Unterrichtsgegenstand gewidmet haben. Es waren Sternstunden gymnasialen Unterrichts.

Obwohl die Schüler des John-Lennon-Gymnasiums sehr verträglich waren, zeigten einige von ihnen mitunter auch ihre dunkle Seite. So bei einem unrühmlichen Abitur-Streich. Einige Abiturienten hatten sich – vermutlich durch ein am Vorabend geöffnetes Kippfenster – frühmorgens Zutritt zum Schulgebäude verschafft und einen Flur durch Öffnen der Wasserhähne in den Toiletten unter Wasser gesetzt. Die Lehrer mussten durch Wasserpfützen waten, um in das Lehrerzimmer zu gelangen. Der Hausmeister brauchte mit freiwilligen Helfern fast den ganzen Tag, um das Gebäude trocken zu legen. Der Schulleiter berief eine Sitzung der Schülervertretung ein und teilte ihr mit, dass künftig alle Abi-Streiche von ihm genehmigt werden müssten. Wenn sie einen bestimmten Intelligenzgrad unterschreiten, würden sie nicht erlaubt. Diese klare Ansage zeigte Wirkung. In der Folge habe ich nur noch amüsante, teilweise auch komische Streiche erlebt. Am schönsten war ein Rollenspiel, bei dem Schüler und Lehrer in einem improvisierten Klassenzimmer auf dem Pausenhof die Rollen wechselten. Die Abiturienten examinierten die Lehrer. Die Schüler der Mittelstufe grölten bei jeder falschen Antwort der sonst so souverän erlebten Lehrkräfte.

Nestwärme oder professionelle „Kälte"?

Es gibt Lehrkräfte, die der Schule, an der sie ihre erste Stelle bekommen haben, ihr ganzes Lehrerleben treu bleiben. Ich habe hingegen mehrfach die Schule gewechselt. Mein Verhältnis zu einer Schule war nie durch Bindungen an Menschen, also an Lehrerkollegen, geprägt, sondern durch meine pädagogischen Überzeugungen. Immer stellte ich die Frage, ob ich meine Vorstellung von Unterricht und vom Umgang mit den Schülern an der jeweiligen Schule würde verwirklichen können oder nicht. Das ist vielleicht noch ein Relikt meiner Sozialisation in der Studentenbewegung, die ja auch stark von konzeptionellen Vorstellungen, wie die ideale Gesellschaft auszusehen habe, geprägt war. Ich habe schnell erkannt, ob die Lernkultur einer Schule anspruchsvoll oder eher dem Schlendrian verpflichtet war. In Gesprächen mit Kollegen konnte ich erkennen, ob sie leidenschaftliche Pädagogen sind, die für ihr Unterrichtsfach brennen, oder ob sie eher Dienst nach Vorschrift machen. Und ich habe immer schon nach kurzer Zeit gesehen, ob der Schulleiter ein pädagogischer Kopf ist, der eine Vorstellung davon hat, wie die ideale Schule auszusehen hat, oder ob er die Schule nur verwaltet. Die Gesamtschule habe ich verlassen, weil ich einen fachlich anspruchsvollen Unterricht ohne Störungen durchführen wollte. Von der   Internatsschule bin ich weggegangen, als ich erleben musste, wie eine sinnvolle pädagogische Reformkonzeption am Eigennutz des Lehrerkollegiums scheitert. Erst am John-Lennon-Gymnasium fand ich die Bedingungen vor, die ich mir immer gewünscht hatte: einen Schulleiter mit einer pädagogischen Vision, ein motiviertes Kollegium, das die Schule voranbringen will, und Schüler, bei denen der Unterricht Spaß macht, weil sie lernwillig, neugierig und gut erzogen sind. Im Lauf der Zeit hat sich bei mir ein Verhalten ausgeprägt, das erzwungene Nahverhältnisse vermied und professionelle Distanz bevorzugte. Auch der Duz-Zwang, der in manchen Kollegien grassiert, war mir zuwider. Er hinderte mich daran, den Kollegen, die ich besonders schätzte, das Privileg des „Du" anzubieten. Es ist wie in der Welt der Waren: Was keinen Preis hat, hat auch keinen Wert. Zur Dialektik von Nähe und Distanz gibt es von Arthur Schopenhauer eine schöne Parabel. Eine Gruppe von Igeln drängt im kalten Winter eng zusammen, um sich gegenseitig zu wärmen. Die scharfen Stacheln treiben sie immer wieder auseinander. Das Spiel von ´dicht zusammen` und ´wieder auseinander` geht so lange, bis die stachligen Genossen die richtige Balance zwischen Nähe und Distanz gefunden haben. Der Wärme der Gemeinschaft setzte ich in der Schule die „Kälte" der Professionalität entgegen. Ich bin damit nicht schlecht gefahren.

Autor

„Niemand lernt schreiben, der nicht sehen gelernt hat."
Ludwig Reiners

Obwohl mir in meiner Kindheit nie jemand vor dem Zubettgehen vorgelesen hat, galt ich in der Schule als sprachbegabt. Mit dem Deutschaufsatz hatte ich nie Probleme. So war es fast zwangsläufig, dass ich in der Schülerzeitung Artikel schrieb, später auch in der (kommunistischen) Studentenzeitung. Als ich dann Lehrer war, drängte es mich, meine Erfahrungen im Unterricht anderen Lehrern mitzuteilen. So begann meine nebenberufliche Tätigkeit als Autor.

Anfang der 1980er Jahre gab es an den Berliner Schulen die Möglichkeit, in der gymnasialen Oberstufe sog. Zusatzkurse anzubieten. Da sie nicht an den Rahmenlehrplan angebunden waren, gaben sie der Lehrkraft viel Spielraum bei der Themenwahl. Ich bot den Kurs "Psychoanalyse und Literatur" an und war erstaunt, dass er bei den Schülern auf große Resonanz stieß. Ich hatte zwar eine Vorstellung davon, was ich in dem Kurs unterrichten wollte, aber noch kein ausgefeiltes Programm. Ich besprach Texte von Autoren, bei deren Texten eine psychoanalytische Betrachtungsweise nahe liegt: die

Parabeln von Franz Kafka, die Novelle "Der Sandmann" von E.T.A. Hoffmann und Gedichte von Rilke, Benn und Eichendorff. Als theoretische Grundlage vermittelte ich das System der Psychoanalyse von Sigmund Freud. In der Studentenbewegung war es üblich, sich mit psychologischen Themen auseinanderzusetzen. Es gab Arbeitskreise, in denen die Schriften von Sigmund Freud, Wilhelm Reich, Erich Fromm und Siegfried Bernfeld studiert wurden. Es war die Zeit der "Kinderläden", in denen eine antiautoritäre Erziehung praktiziert wurde. Die Eltern diskutierten intensiv über humane Erziehungsmethoden und beriefen sich dabei auf psychologische Autoritäten. Auch unsere eigenen Kinder ließen wir in Kinderläden erziehen. Ich kann mich an eine Diskussion mit einigen Eltern erinnern, die den Erzieherinnen untersagen wollten, den Kindern die Märchen der Gebrüder Grimm vorzulesen. Sie seien nicht nur grausam, sondern transportierten auch ein feudalistisches Weltbild. Einige Eltern taten sich zusammen und verteidigten die Märchen unter Berufung auf das Buch des Kinderpsychologen Bruno Bettelheim "Kinder brauchen Märchen". Von solchen Diskussionen her war mir das Thema Psychoanalyse vertraut. Ich brauchte es nur noch mit den passenden literarischen Texten zu unterfüttern.

Am Ende des Semesters kam ich auf die Idee, das Kursprogramm einem Schulbuchverlag anzubieten. Ich war überrascht, als mir der Klett-Verlag anbot, das Unterrichtsprojekt in der Reihe "Stundenblätter Deutsch" zu veröffentlichen. Diese Buchreihe gibt es heute noch. Sie ist bei Lehrkräften sehr beliebt, weil die Autoren neben der fachwissenschaftlichen Analyse auch die Unterrichtsstunden in ihrem konkreten Verlauf ausarbeiten. In dieser Reihe veröffentlichte ich dann noch weitere Bücher. Später bot mir der Schroedel-Verlag an, einige Titel in der Reihe "Deutsch Sekundarstufe II" zu veröffentlichen. Für Fachzeitschriften schrieb ich Artikel zu ausgewählten Themen, so zum Sprachunterricht oder zur Didaktik der Novelle.

Irgendwann fing ich dann an, Artikel für Tageszeitungen zu verfassen. Das hing mit meinem Engagement für den Erhalt der Schulfarm Scharfenberg zusammen. Während der Reformdiskussion (1995-1997) hatte ich die Idee, meine Vorstellung, wie die Schule zu retten wäre, auch publizistisch zu verbreiten. Ich bot der "taz" einen Artikel an und war überrascht, dass er von dieser linken Zeitung angenommen wurde. Das lag wohl daran, dass der damalige Chefredakteur Michael Sontheimer, ein ehemaliger 68er, die Zeitung thematisch und weltanschaulich öffnen wollte. Aus dem alternativen Kiez-Blatt aus Berlin-Kreuzberg sollte eine linke Tageszeitung von Niveau werden, die auch bürgerliche Leser anzieht. Ihm waren deshalb Artikel willkommen, die gegen den Strom schwammen und sich vom Mainstream linksalternativer Machart absetzten. Meine Artikel hatten viele Leserbriefe von zornigen Stammlesern zur Folge, die fragten, was diese "reaktionären" Artikel in ihrer Zeitung zu suchen hätten. Ich hatte z.B. einen Artikel verfasst, in dem ich das Leistungsprinzip in der Schule gegen die damals schon von linker Seite verfochtene soziale Gerechtigkeit verteidigte. Irgendwann löste sich das Problem von selbst, weil der Chefredakteur zum SPIEGEL wechselte. Die Redakteurin, die für pädagogische Themen zuständig war, ging gleichzeitig zur WELT. Sie fragte mich, ob ich bereit sei, auch für eine Springerzeitung zu schreiben. So kam ich dann zur WELT, für die ich seit 2010 schreibe. Ironie der Geschichte: Als linker Student habe ich gegen die Springerpresse gekämpft, als Lehrer schreibe ich für sie Artikel. Die WELT rühmt sich, viele ehemalige Linke in ihren Reihen zu haben. Selbst der ehemalige Chefredakteur Thomas Schmid war ein Alt-Linker aus der Frankfurter Sponti-Szene, befreundet mit Joschka Fischer und Daniel Cohn-Bendit. Vielleicht hat Wolf Biermann mit seinem Lied recht: *„Nur wer sich ändert, bleibt sich treu."*

Meine pädagogischen Artikel stießen auf viel Resonanz. Als Autor ist man irgendwann eine öffentliche Person, deren Adresse man googeln kann. Nach jeder Veröffentlichung erhielt ich Mails. Ich merkte, dass ich innerhalb der Lehrerzunft eine Position vertrete, die durch modische Trends in den Hintergrund getreten ist. Die Briefschreiber drückten mir ihre Dankbarkeit dafür aus, dass ich - wie sie sagten - der schweigenden Mehrheit der Lehrkräfte eine Stimme verliehen habe. Besonders erfolgreich waren die Artikel, die ich auf der Seite "Bildungswelten" der Frankfurter Allgemeinen Zeitung veröffentlicht habe. Diese Seite wird überwiegend von Pädagogen gelesen, die das Gelesene auch gerne in Leserzuschriften kommentieren. So sind richtige Debatten unter Experten entstanden, die sich über Tage hinzogen. Meine Artikel hatten meistens auch einen Multiplikationseffekt. Ich erhielt von Schulen das Angebot, Workshops zu pädagogisch-didaktischen Themen durchzuführen. Auch pädagogische Fachzeitschriften wandten sich an mich und luden mich zu Beiträgen ein. Hasserfüllte Kommentare im Internet gab es selten. Dazu sind Lehrer zu zivilisiert und die Pädagogik ist nicht so politisch aufgeladen, wie es bei anderen gesellschaftlichen Themen der Fall ist.

Pädagogik und Bildungspolitik

Der Lehrerberuf ist ein Erfahrungsberuf. Wenn man sich als 60-Jähriger vergegenwärtigt, wie man mit 30 Jahren zum ersten Mal vor einer quirligen 7. Klasse stand und versuchte, ihr den Konjunktiv der indirekten Rede beizubringen, kann man die damalige Unsicherheit kaum noch nachempfinden. Wenn man sich erinnert, wie schwer man sich damit tat, eine renitente 8. Klasse zu zähmen, kommt einem das damalige Handeln dilettantisch vor. Als Lehrer lernt man nicht nur das pädagogische Handwerk immer besser auszuüben, man weiß allmählich auch einzuschätzen, welche Unterrichtsmethoden wirksam sind und welche nur L'art pour l'art. Probleme haben Lehrer häufig mit den Vorgaben der Schulbehörde. Allzu oft sind sie Ausdruck einer Ideologie, deren Umsetzung sich die regierende Partei auf die Fahnen geschrieben hat. In den meisten Fällen widersprechen die vom grünen Tisch verordneten Konzepte der pädagogischen Evidenz, was die politischen Akteure nicht daran hindert, sie dennoch durchzusetzen. Jeder Lehrer weiß, dass der Unterricht in stark heterogenen Lerngruppen nicht nur schwierig, sondern auch weniger ertragreich ist als das Lernen in homogenen Gruppen. Das Diktat der Gleichheit setzt sich über solche Erfahrungen hinweg und verordnet den

Lehrern das fragwürdige Konzept der Binnendifferenzierung.

Auf den Lehrer kommt es an

Die Schulreformen der letzten 30 Jahre waren in erster Linie struktureller Natur. Neue Schulformen wurden erfunden, „moderne" Unterrichtsmethoden in die Lehrerausbildung integriert. Dabei drohte ein wichtiger Grundsatz pädagogischen Handelns aus dem Blick zu geraten: Unterrichten ist in erster Linie eine Interaktion zwischen Menschen. Mit fachlichem Wissen, mit Leidenschaft für den Gegenstand und mit dem Gewicht ihrer Persönlichkeit führt die Lehrkraft die Schüler durch die spannende Welt des Wissens. Ob dieser Weg von den Schülern holprig oder leichtfüßig zurückgelegt wird, liegt in erster Linie am Geschick des Lehrers, an seiner Ausstrahlung und seiner Überzeugungskraft - natürlich auch an seiner Fähigkeit, das immense Weltwissen "mundgerecht" zu vermitteln. Deshalb muss der persönliche Bezug in der Schule wieder Vorrang vor strukturellen Experimenten erhalten. Zahlreiche Studien belegen die wichtige Rolle der Lehrkraft für das erfolgreiche Lernen der Schüler. Auch die Eigenschaften sind gut erforscht, die eine Lehrkraft braucht, um erfolgreich zu unterrichten: hohes Fachwissen, natürliche Autorität, kommunikative Kompetenz und Empathie. Von dem Schriftsteller Klaus Mann stammt der Satz: *"Ein Lehrer muss ein Seelenfänger sein."* - Damit meinte er nicht, dass eine Lehrkraft die Schüler manipulieren solle. Gemeint ist, dass ein Lehrer für sein Fach brennen und die Lerngegenstände mit Leidenschaft vermittelt sollte. Schüler lieben "besessene" Lehrer, oft springt von ihnen der Funke des fachlichen Interesses auf die Schüler über, was zu besseren Lernergebnissen führt.

Lerntheke oder Unterrichtsgespräch

Offensichtlich gelingt es nicht allen Lehrkräften, den Schülern den Lernstoff nachhaltig zu vermitteln, weil sie sich schwer damit tun, die Schüler im Unterricht zu fesseln. Eine Mitschuld trägt eine technokratische Didaktik, die zwar ein reichhaltiges Arsenal an Vermittlungsmethoden bereithält, dabei aber vergisst, dass Schüler primär durch spannende Inhalte begeistert werden wollen. Die Kognitionsforschung hat herausgefunden, dass man sich Sachverhalte besonders gut merkt, wenn sie mit einem emotionalen Reiz verbunden sind. Schüler lieben einen fesselnden Unterricht, der sie mit der Welt des Wissens vertraut macht. Sie klagen darüber, dass es gerade daran im Unterricht häufig hapert. Langweilige Lehrkräfte nennen sie wenig schmeichelhaft "Schlafpille" oder "Trantüte". Wenn es den Lehrern gelänge, das spannende Potential freizulegen, das in den Lernstoffen ihrer Fächer schlummert, wäre für die Unterrichtsqualität viel gewonnen. An einer Schule, die die kollegiale Hospitation der Lehrkräfte pflegt, habe ich die Biologiestunde eines älteren Kollegen erlebt. Fachlich hoch qualifiziert erzählte er im Gestus des dozierenden Professors, warum bei den Bonobo-Schimpansen die Weibchen das Sagen haben. Die Schüler hingen an seinen Lippen. Dieser Lehrer konnte durch sein immenses Fachwissen und durch die Begeisterung, die er für "sein" Fach ausstrahlte, die Schüler mitreißen.

In den meisten Bundesländern hat sich die didaktische Mode des "methodengeleiteten Unterrichts" durchgesetzt. Um der Erwartungshaltung der Fachseminarleiter gerecht zu werden, wählen die Referendare vor allem die Methoden, die "selbstgesteuertes Lernen" ermöglichen. Kaum eine Unterrichtsstunde kommt ohne Stationenlernen, Fishbowl und Lerntheke aus. Methodenvielfalt im Unterricht ist bis heute ein unhinterfragtes Axiom. Gerade in heterogenen Lerngruppen glaubt man, die unterschiedlichen Lernvoraussetzungen der Schüler am besten mit methodischer Vielfalt bewältigen zu können. Anscheinend traut man Schülern mit Migrationsgeschichte nicht zu, dass auch sie vom Lernstoff gefesselt sein können. Meine Beobachtung solcher Unterrichtsstunden hat gezeigt, dass das Bestreben, in einer Stunde mehrere Lernmethoden unterzubringen, häufig dazu führt, dass sich die Methoden von den zu lernenden Inhalten entkoppeln. Der gekonnte Umgang mit den Methoden wird dann unter der Hand zum eigentlichen Ziel des Unterrichts. Viel zielführender wäre es, vom geistigen Anspruch des Lerngegenstands auszugehen. Schulische Bildung muss wieder primär als geistiger Prozess begriffen werden, bei dem die Schüler sich mit dem Weltwissen auseinandersetzen und dabei ihre Persönlichkeit formen.

Kafka an Stationen

Die Dominanz der Unterrichtsmethoden und die Kompetenzorientierung des Fachunterrichts haben die Bedeutung der Lerninhalte in den Hintergrund treten lassen. Wie sich die Kompetenzorientierung des Unterrichts in der schulischen Praxis auswirkt, konnte ich an einem persönlichen Erlebnis erfahren. Ein Referendar, den ich als Mentor betreute, fragte mich, ob ich ihm für seine Deutsch-Lehrprobe in einer zehnten Klasse einen guten Text empfehlen könne. Ich meinte, „Vor dem Gesetz" oder „Eine kaiserliche Botschaft" von Franz Kafka seien gute, alt-bewährte Texte, die bei Schülern gut ankommen und mit denen man ihr Textverständnis herausfordern kann. Der Referendar blickte mich etwas verzagt an und meinte dann, der Fachseminarleiter wolle von ihm die Unterrichtsmethode „Lernen an Stationen" sehen. Zudem sollen die Schüler die Kompetenz "textsortenspezifisches Wissen nutzen" einüben. Darauf sagte ich ironisch, dann könne er Kafka vergessen. Kafkas Texte ließen sich nicht an Stationen lernen, dazu brauche man einen soliden Bahnhof - also ein gehaltvolles Unterrichtsgespräch. Von dem Philosophen Wilhelm Schmid stammt der Satz: *„Das Wichtigste im Leben ist die Erfahrung von Sinn."* Schule müsste eigentlich den Auftrag haben, Heranwachsenden

Orientierung und Sinnstiftung zu vermitteln. Das gelingt aber nur mit anspruchsvollen und hochwertigen Inhalten. Schulische Bildung sollte sich deshalb von der Erkenntnis leiten lassen, dass über solides Wissen zu verfügen die wichtigste Kompetenz überhaupt darstellt.

Nur das Beste bildet

Der Lernstoff der einzelnen Schulfächer wird von Fachkommissionen kontinuierlich einer kritischen Überprüfung unterzogen. Gesellschaftliche Entwicklungen spiegeln sich in neuen Themenfeldern wider, die in den Kanon der Fächer integriert werden. Manchmal entstehen auch völlig neue Unterrichtsfächer, wie z.B. Ethik, Psychologie, Philosophie und Informatik. Auch innerhalb der Fächer gibt es Neuerungen – nicht immer zum Guten. Im Fach Deutsch wurde der Grammatikunterricht in den Literaturunterricht integriert. Grammatische Phänomene werden also nicht mehr eigenständig gelernt, sondern an Beispielen aus der Literatursprache erläutert. Nach meiner Erfahrung führt das zu verminderten Grammatikkenntnissen, was Schwierigkeiten bei der Textanalyse nach sich zieht. Manche rhetorischen Figuren beruhen nämlich auf grammatischen Phänomenen. Im Literaturunterricht wurde in einigen Bundesländern die mittelalterliche Literatur, in Berlin sogar die Literatur des Barock aus dem Lehrplan eliminiert. Da es auch keine verpflichtende Lektüreliste gibt, ist nicht auszuschließen, dass sich viele Lehrkräfte mit leichter Kost begnügen. Dann fallen schwierige Dichter wie Hölderlin, Kleist, Kafka, Rilke und Benn unter den Tisch. Ich halte das für einen Irrweg. Bei den Unterrichtsinhalten sollte man auf Exzellenz setzen, weil nur das Beste bildet. Wir sollten Schülern Hochwertiges bieten und Anspruchsvolles zumuten.

Die „Erleichterungen" haben einen Grund. Die Bildungsplaner sehen in anspruchsvollen Inhalten eine Bedrohung der sozialen Gerechtigkeit, die inzwischen zum wichtigsten Paradigma staatlicher Schulbildung geworden ist. Weil es nicht allen Schülern vergönnt ist, im Elternhaus mit Büchern und intellektuellen Gesprächen aufzuwachsen, schraubt man lieber die Ansprüche für alle herunter und setzt die Schüler auf fachliche Magerkost. Der Literaturunterricht ist dafür prädestiniert, den Schülern geistige Orientierung und Sinnstiftung zu vermitteln. Der fremde Blick der Schüler auf die literarischen Werke gewährt immer wieder neue Einsichten in deren komplexen Gehalt. Für Schüler ist das rezeptionsästhetische Axiom selbstverständlich, dass sich die Aussage eines Textes auch im Blick und Empfinden des Lesers konstituiert. Große Texte erweisen gerade im Wandel der Sichtweisen ihre zeitlose Gültigkeit. Literatur kann Heimat sein, in der sich ein geistig geprägter Mensch ein Leben lang wohl fühlt. Botho Strauß hat die Folgen geistiger Entwurzelung als *"kulturellen Schmerz"* beschrieben, der einen befällt, wenn die ästhetische Überlieferung einer Sprachfamilie gekappt wird. Wer süchtig sei nach deutscher Dichtersprache, der lese den "Zauberberg" auch zum dritten Mal. Thomas Mann sagte bei seiner Ankunft im amerikanischen Exil vor der versammelten Presse: *"Wo ich bin, ist Deutschland"*. Er hatte den geistigen Fundus Deutschlands im Kopf und hätte an jedem Ort der Welt davon zehren können. Welche Deutschen könnten heute noch Gleiches von sich behaupten?

Ein verpflichtender Literaturkanon im Deutschunterricht wäre begrüßenswert. Er würde die Beliebigkeit der Literaturvermittlung beenden und die Besinnung auf unser kulturelles Erbe stärken. Ich kann mich an einen Leistungskurs am Fichtenberg-Gymnasium in Steglitz erinnern, den ich als externer Vertretungslehrer übernommen hatte. Eine Schülerin fragte mich völlig unvermittelt, ob wir nicht auch den "Faust" lesen könnten. Das sei doch das berühmteste deutsche Drama. Ich hatte mich auf andere Dichter eingestellt, war aber von der Frage der Schülerin sehr angetan. Ich tat ihr den Gefallen und bot dem Kurs die Besprechung von Goethes "Faust" in 12 Unterrichtstunden an. Mit Hilfe meiner Erfahrung gelang es mir, die Quintessenz des Dramas in der Kürze der Zeit zu vermitteln.

Man liest immer wieder Forderungen von Interessenvertretern der Industrie, schulische Bildung müsse sich mehr an wirtschaftlichen Erfordernissen orientieren. Die Ausbildung, die zum mittleren Schulabschluss führt, sollte in der Tat die Qualifikationen in den Mittelpunkt rücken, die bei der späteren Berufsausbildung gebraucht werden. Das wären die

Beherrschung der Grundrechenarten und die Fähigkeit, fehlerfrei zu schreiben. Damit wäre den Ansprüchen der ausbildenden Betriebe schon sehr gut gedient. Die gymnasiale Oberstufe hingegen hat eine gänzlich andere Funktion. Sie legt den Grundstein für ein späteres Studium, muss also wissenschaftspropädeutisch arbeiten.

„Man lernt besser im Zusammenhang der Dinge." (Hartmut von Hentig)

Das ganzheitliche Lernen, mit dem ich an der Schulfarm Scharfenberg in Berührung gekommen bin, könnte eine wichtige Ergänzung zum rein kognitiven Lernen sein. Die Losung der Reformpädagogik *"Lernen mit Kopf, Herz und Hand"* sollte auch an den Stadtschulen neu mit Leben erfüllt werden. Ganzheitliches Lernen entwickelt bei den Schülern alle Sinne und hilft, die Persönlichkeit optimal auszubilden. Der Reformpädagoge Hartmut von Hentig hat diesen Zusammenhang bündig formuliert: *"Die Sachen klären, die Menschen stärken."* Ich habe an den Schulen, an denen ich unterrichtet habe, das ganzheitliche Lernen vor allem im Projektunterricht eingesetzt. Wenn man ein komplexes Thema wählt, benötigt man zu seiner Klärung das Wissen aus mehreren Fachgebieten. Die Klimaproblematik bedarf der Antwort aus den Fächern Chemie, Physik, Geografie und Politik. Das Thema Mobilitätswende kann mit dem Wissen aus Physik, Technik, Stadtplanung und Politischer Wissenschaft erschlossen werden. Ein solcher ganzheitlicher Unterricht hat sein Vorbild in der Art, wie Kinder die Welt erschließen. Wenn eine Mutter ihrer kleinen Tochter eine Kathedrale erklärt, wird sie Informationen aus Geschichte, Religion, Kunst und Architektur zu Rate ziehen. Erst die Schule parzelliert diese ganzheitliche Erklärung wieder in fachlich umrissene Wissensgebiete. Natürlich muss die Wissenschaftlichkeit des Fachunterrichts unangetastet bleiben. An einigen Stellen sollte man jedoch den Mut aufbringen, das Wissen aus unterschiedlichen Fachdisziplinen zusammenzuführen. Am besten gelingt das im Projektunterricht.

Der Eigenwert der Bildung

Die Wissensvermittlung am Gymnasium intendiert eine umfassende Allgemeinbildung, was sich schon deshalb als nützlich erweist, weil sich viele Abiturienten erst nach der Prüfung überlegen, was sie studieren wollen. Echtes Bildungswissen geht über das Knowhow hinaus, das man für den späteren Beruf benötigt. Etwas zu wissen, ist ein Wert an sich, ein geistiger Schatz, der die Persönlichkeit prägt und das Leben bereichert. Ein guter Pädagoge wird immer die Zweckfreiheit des Wissens gegen dessen reine Funktionalität verteidigen. Das humboldtsche Unterrichtskonzept für das Gymnasium hat auch heute noch seine Gültigkeit. Im geistigen Kosmos des Wissens genießen alle Fächer den gleichen Rang. Eine Fuge von

Bach analysieren zu können, ist genauso wichtig, wie die Keplerschen Planetengesetze zu verstehen. Ein Bild von Rembrandt deuten zu können, besitzt den gleichen Wert wie die Interpretation eines Gedichtes von Friedrich Hölderlin. Zweckfreiheit der Bildung bedeutet immer, sich dem Eigenwert des jeweiligen Gegenstandes auszuliefern. Ein Impromptu von Schubert am Klavier zu spielen, hat seinen Zweck in sich, bedarf keiner weiteren äußeren Zweckbestimmung. Deshalb gehörten auch die „toten" Sprachen Latein und Alt-Griechisch selbstverständlich zum Bildungskanon des Gymnasiums. Sie zu studieren, war einfach „schön". Sie zu lernen stand noch nicht unter dem Rechtfertigungszwang gesellschaftlicher Zweckbestimmung. Von dem romantischen Dichter Jean Paul stammt das schöne Wort: *"Was für die Zeit erzogen wird, das wird schlechter als die Zeit."* - Der Dichter wusste, dass eine gute Bildung immer einen geistigen Überschuss, eine kleine utopische Verheißung über das Alltägliche hinaus enthalten muss.

Die ideale Cloud: „Guter Unterricht für alle"

Während der Corona-Krise 2020/2021 bekam die Digitalisierung der Schule einen neuen Schub. Den Schulen wurde bewusst, wie wichtig Lernplattformen sind, auf denen Schüler und Lehrer miteinander kommunizieren können. Die Schüler können dort Aufgaben abholen, die die Lehrkräfte eingestellt haben. Nach der Bearbeitung werden sie zurückgeschickt. Im Idealfall korrigiert die Lehrkraft die Lösungen zeitnah und gibt den Schülern ein Feedback. Bei allem technischen Aufwand muss eines klar sein: Lehren und Lernen in der Schule bleibt auch bei Verwendung digitaler Hilfsmittel ein geistiger Prozess. Angeleitet von der Lehrkraft müssen die Schüler den Lerngegenstand geistig durchdringen. Die digitale Technik kann dabei eine dienende Funktion erfüllen, sie kann den Schülern die geistige Anstrengung jedoch nicht abnehmen. Der Flut an Informationen im Netz muss die Schule mit der Vermittlung eines sicheren Orientierungswissens begegnen. Digitale Hilfsmittel sind dort besonders nützlich, wo es um schnelle Recherche geht. Wenn man im Unterricht in Politischer Wissenschaft die Entwicklung afrikanischer Länder der Sahel-Zone durchnimmt, bekommt man im Netz zuverlässig die aktuellen Kennziffern. Die anschließende Bewertung muss im Unterrichtsgespräch erfolgen. Auch die größten Verfechter des digitalen Lernens wissen, dass man einer Maschine geistige Prozesse nicht überlassen kann.

Nützlich ist der PC bei den Verwaltungsabläufen einer Schule. Es gibt Plattformen, in die sich Lehrer und Schüler einloggen können, um schulinterne Informationen abzurufen oder einzustellen. Auf "WebUntis" können Stunden- und Klausurpläne veröffentlicht und Fehlzeiten verwaltet werden. Schüler erfahren schon vor Unterrichtsbeginn, welche Stunde ausfällt, welche vertreten wird und wo ein Raumwechsel stattfindet. Auch das Klassenbuch kann digital geführt werden. Wenn eine

Schule konsequent auf diese digitale Verwaltung setzt, können Berge von Papier eingespart werden. Die Plattform "ItsLearning" ermöglicht es den Lehrkräften, schulintern zu kommunizieren und Unterrichtsmaterial auszutauschen, was die Unterrichtsqualität verbessern kann. In der Corona-Krise haben die Bundesländer eigene Plattformen entwickelt, auf denen die Kommunikation der Lehrkräfte mit ihren Schülern, die sich im Homeschooling befanden, stattfinden konnte. In Berlin heißt die Plattform „Lernraum Berlin".

Eine gut gestaltete und aktuell gepflegte Homepage ist für eine Schule ein gutes Aushängeschild. Eltern informieren sich gerne über die Qualität einer Schule, indem sie Informationen auf der Website abrufen und mit denen anderer Schulen vergleichen. Da auf der Homepage auch die Qualitätsdaten einzusehen sind (VERA-Vergleichstest, PISA-Ergebnisse, Bericht der Schulinspektion), lässt sich schnell ein Urteil über die Unterrichtsqualität der Schule fällen. Es gibt auch Schulen, die ihre Lehrkräfte aus ganz Deutschland rekrutieren, indem sie mit ihrem speziellen Profil werben. Hinter diese Errungenschaften kann kein vernünftiger Mensch zurückwollen.

Was sich die Lehrkräfte mit Sicherheit wünschen würden, wäre eine Plattform, auf der vorbildliche Unterrichtsstunden aus ganz Deutschland abrufbar sind. Dies würde das Einzelkämpfer-Dasein der Lehrkräfte ein für alle Mal beenden. Warum sollte es nicht möglich sein, die grandiose Stunde eines Physiklehrers in Kiel den

Lehrern in der ganzen Republik zugänglich zu machen? Warum sollten nur die Schüler einer Schule in Passau in den Genuss einer genialen Musikstunde kommen? Die Arbeitserleichterung durch eine solche "geteilte Nutzung" wäre enorm und der Effekt der Unterrichtsoptimierung nicht zu unterschätzen. Wenn "Sharing Economy" einen Sinn hat, dann hier. Wenn alle Lehrkräfte in Deutschland nur noch Musterstunden - gerne auch die oft vorbildlich ausgearbeiteten Stunden von Referendaren - unterrichten würden, wäre dies ein Qualitätsschub sondergleichen. Nach meiner Erfahrung schlummert das größte Qualitätspotential unserer Schulen ohnehin in der fachlich-methodischen Verbesserung des Unterrichts. Dazu brauchen wir vor allem leidenschaftliche und kreative Lehrer. Wann kommt die Cloud "Guter Unterricht für alle"? Hier hätten Kultusministerkonferenz und Bundesbildungs-ministerin eine dankbare Aufgabe.

Problemfall Berlin

Das Berliner Schulsystem hat mit großen Mängeln zu kämpfen. Berliner Schüler belegen seit über zehn Jahren bei allen Leistungsvergleichen unter den Bundesländern den letzten oder vorletzten Platz. Da Berliner Schüler genau so schlau sind wie ihre Kammeraden in anderen Ländern, müssen die schlechten Leistungen an den politischen Vorgaben liegen, die für die Schulen gelten. Die Misere beginnt schon in der Kita und in der Grundschule. 2005 hat die Schulverwaltung die Vorschule abgeschafft und vorschulisches Lernen in die Kita verlagert. Für Kinder mit erkennbaren Sprachdefiziten wurde eine 18-monatige Kita-Pflicht eingeführt. Dann geschah es, dass viele Eltern aus dem Migrantenmilieu der Aufforderung zur Sprachstanderhebung ihrer Kinder nicht nachkamen. Die Bildungsbehörde nahm dies hin, ohne mit Sanktionen nachzuhelfen. Die Folge war, dass viele Kinder eingeschult wurden, die die deutsche Sprache nur unzureichend beherrschen. Dass sie dann dem Unterricht nicht folgen können, liegt auf der Hand. Sie sitzen von Anfang an im hintersten Waggon des Geleitzugs und können ihre Defizite nur noch schwer aufholen. Wenn man weiß, dass das Beherrschen der deutschen Sprache der Schlüssel für Schulerfolg ist, muss man sicherstellen, dass sie alle Kinder bei der Einschulung beherrschen.

Die 2010 gegründete Sekundarschule hat die in sie gesetzten Erwartungen nicht erfüllt. Das liegt vor allem daran, dass das Berliner Schulgesetz den Schulen freie Hand dabei lässt, wie sie mit der großen Heterogenität in den Klassen umgehen wollen. Diese Form von Freiheit führt offensichtlich nicht zum Erfolg. Naheliegender wäre es, die Differenzierungsmethode vorzuschreiben, die die besten Erfolge verspricht. Das ist die äußere Fachleistungs-differenzierung, mit der die Gesamtschule über Jahrzehnte gute Erfahrungen gemacht hat. Nicht nachvollziehbar ist, warum sich die Schulen im Fach Deutsch bis zur 9. Klasse Zeit lassen dürfen, bis sie überhaupt mit der Fachleistungsdifferenzierung beginnen. In Mathematik und

Englisch ist differenzierter Unterricht nämlich schon ab Klasse 7 vorgeschrieben. Ich weiß aus eigener Erfahrung, dass die Binnendifferenzierung in einer heterogenen Lerngruppe dem Unterricht in Fachleistungskursen unterlegen ist. Man kann unterstellen, dass die Schulbehörde diesen Befund ebenfalls kennt. Dass sie sich trotzdem weigert, das erfolgreiche Differenzierungsmodell als verpflichtend vorzuschreiben, kann man nur mit ideologischen Motiven erklären: Die Gleichheitsidee siegt über pädagogische Evidenz. Ich halte mich an die Erkenntnis des amerikanischen Psychologen Paul F. Brandwein: *„Es gibt nichts Ungerechteres als die gleiche Behandlung von Ungleichen."*

Wie in anderen Bundesländern kämpfen auch die Berliner Gymnasien mit dem starken Andrang von Schülern, die von der Grundschule keine Gymnasialempfehlung erhalten haben. Der Vorrang des Elternwillens macht dies möglich. Wenn in den Anfangsklassen des Gymnasiums die Lernvoraussetzungen der Schüler zu weit auseinander gehen, leidet darunter die gymnasiale Lernkultur. In einigen Stadtbezirken müssen die Gymnasien den Unterricht wie in der Gesamtschule differenzieren, um die Schüler begabungsgerecht unterrichten zu können. Die hohe Zahl der Schüler, die das Gymnasium nach Ablauf des Probejahrs wieder verlassen müssen (Die Zahl schwankt zwischen 500 und 900 Schülern) zeigt, dass der Elternwille ein fragwürdiges Schulwahlkriterium darstellt. Fürsorglich wäre es, diesen Schülern die Erfahrung des Scheiterns am Gymnasium zu ersparen. Deshalb sollte beim Übergang zum Gymnasium nur noch das Grundschulgutachten zählen. Da die Berliner Gymnasien nur eine sechsjährige Schulzeit kennen, muss diese kurze Zeit effektiv genutzt werden, die Schüler auf ein gutes Abitur vorzubereiten. Sinnvoll wäre es zudem, wenn es jedem Gymnasium gestattet würde, einen grundständigen Zug - also die Klassen 5 und 6 - einzurichten, wenn die Eltern dies wünschen.

In der Berliner Schule ist der Reformbedarf groß. Im Oktober 2020 stellte eine Expertenkommission unter Leitung eines renommierten Bildungsforschers ihre Ergebnisse zu den Defiziten des Berliner Schulsystems vor. Darin wird der Berliner Schule attestiert, dass viele ihrer pädagogischen Methoden unwirksam geblieben sind. Das ist für ein Schulsystem ein niederschmetternder Befund. Wenn man sich vergegenwärtigt, wie viel Energie die Schulleitungen und die Lehrkräfte über Jahre aufgewendet haben, um die Schüler in Berlin zu guten Lernergebnissen zu führen, kann man der Schulbehörde den Vorwurf des Versagens nicht ersparen. Der Schulsenat muss die ideologisch geprägten Strukturen der Berliner Schule endlich aufbrechen und solche Instrumente einsetzen, deren Wirksamkeit erwiesen ist. Dabei sollte Berlin von den Siegerländern Bayern und Sachsen lernen. Es kann nicht länger sein, dass ganze Generationen von Kindern ausbaden müssen, dass sich eine linke Regierungspartei eine schöne neue Schulwelt malt, die in der Praxis kläglich versagt. Von dem Schriftsteller Siegfried Lenz stammt das treffende Wort: *"Mit seinen Lehrern lebt man zeitlebens."* - Für

Berlins Schüler gilt, dass sie ihr Leben lang mit den Folgen einer mängelbehafteten schulischen Bildung leben müssen.

Epilog

Die moderne Genetik lehrt uns, dass das Leben des Menschen in erheblichem Maße von der genetischen Ausstattung abhängt, die unsere Eltern uns mitgegeben haben. Der Zwillingsforschung verdanken wir die Erkenntnis, dass Intelligenz zu 60 Prozent vererbt wird. Die restlichen 40 Prozent werden durch kulturelle Einflüsse, durch Milieu und Erziehung, geformt. Auch der Charakter eines Menschen geht überwiegend auf die genetische Ausstattung zurück. Das kann man gut daran erkennen, dass sich bei Geschwistern, auch bei zweieiigen Zwillingen, Charakter und Wesen oft erheblich unterscheiden - bei gleicher Erziehung durch die Eltern. Die Erkenntnis, dass unser Leben in den Bahnen der natürlichen Gaben verläuft, die zu unserer Grundausstattung gehören, war schon den Dichtern und Denkern der Antike geläufig. Von Horaz stammt der Satz: *"Naturam expellas furca, tamen usque recurret"*. ("Auch wenn du die Natur mit der Mistgabel austreibst, wird sie immer zurückkehren.") Ich habe meiner Lebensbeschreibung ein bekanntes Zitat von Johann Wolfgang von Goethe aus seinem Roman "Wilhelm Meisters Lehrjahre" vorangestellt: *"Mich selbst, ganz wie ich bin, auszubilden, das war dunkel von Jugend auf mein Wunsch und meine Absicht."* - Der Dichter wusste, dass es im Leben nur darum gehen kann, die Anlagen, die in einem schlummern, zur Entfaltung zu bringen und optimal zu entwickeln. Deshalb auch die Formulierung *"ganz wie ich bin"*. Goethe gewann diese Erkenntnis intuitiv aus lebendiger Anschauung des vielfältigen Lebens. Gleichzeitig war er Kulturmensch genug, um an die bildenden Kräfte eines geistigen Lebens und einer tätigen Lebensgestaltung zu glauben. Das tätige Leben, das er bis ins hohe Alter führte, nutzte er, um seine vielfältigen Fähigkeiten noch weiter zu optimieren. In der 1817 herausgegebenen Sammlung weltanschaulicher Gedichte mit dem Titel „Urworte. Orphisch" fasst Goethe seine Gedanken über das Gesetz des Lebens zusammen:

> Nach dem Gesetz, wonach du angetreten.
> So musst du sein, dir kannst du nicht entfliehen,
> Und keine Zeit und keine Macht zerstückelt
> Geprägte Form, die lebend sich entwickelt.

Im Goethes Gedichtzyklus "West-östlicher Divan" findet sich das rätselhafte Gedicht: "Unbegrenzt". Es zeigt eine Lebensgestaltung, die ins Weite greift, Grenzen auslotet und überschreitet, die aber auch dem Menschen zumutet, neu zu beginnen - und daran zu scheitern. Das Lebenswerk ist ein Produkt des Anfangs und des Endes, was nichts anderes bedeutet, als dass der Mensch das vollendet, was als Keim in ihm angelegt war.

> Dass du nicht enden kannst, das macht dich groß,
> Und dass du nie beginnst, das ist dein Los.
> Dein Lied ist drehend wie das Sterngewölbe,

Anfang und Ende immerfort dasselbe,
Und was die Mitte bringt, ist offenbar
Das, was zu Ende bleibt und anfangs war.

Johann Wolfgang von Goethe: Aus: "West-östlicher
Divan" (1819)

Der Lebensgang ist inkommensurabel, weil er dem Zufall
unterworfen ist. *„Das Leben ist stets mehr als das Leben, es
reißt sich von sich selber los und tritt sich als hartes Gesetz
gegenüber, es ist der Fluss und zugleich das Festland."*
(Siegfried Kracauer)

Gottfried Benn war im 20. Jahrhundert der Dichter, der am
schonungslosesten aufgezeigt hat, wie ein Leben ohne
Transzendenz, ohne das Aufgehoben-Sein in einer
tröstenden Glaubensüberzeugung aussieht. Der
Pfarrerssohn Benn hat sich vom christlichen Glauben
verabschiedet und sich radikal dem "nackten" Dasein
ausgeliefert, das er als Arzt auch in seinen Schattenseiten
kennengelernt hat. Das Leiden am Leben nimmt bei ihm
einen großen Raum ein. In einigen Gedichten sehnt sich das
lyrische Ich sogar in eine Existenzform zurück, die den
Intellekt - den Ursprung unseres Leidens an der Welt - noch
nicht kennt. Das Gedicht "Zwei Dinge" bringt die
existentialistische Weltsicht Benns auf den Punkt: Der
Mensch ist in den von Sinn entleerten Raum
hineingeworfen. Wenn er stirbt, bleiben nicht die
unsterbliche Seele und die Verheißung einer jenseitigen
besseren Welt. Es bleiben nur die Spuren, die der Mensch

durch die Konflikte und Verstrickungen seines sinnentleerten Lebens davongetragen hat.

Nur zwei Dinge

Durch so viel Formen geschritten,
durch Ich und Wir und Du,
doch alles blieb erlitten
durch die ewige Frage: wozu?

Das ist eine Kinderfrage.
Dir wurde erst spät bewusst,
es gibt nur eines: ertrage
- ob Sinn, ob Sucht, ob Sage -
dein fernbestimmtes: Du musst.

Ob Rosen, ob Schnee, ob Meere,
was alles erblühte, verblich,
es gibt nur zwei Dinge: die Leere
und das gezeichnete Ich.

Gottfried Benn (1953)

Der zynische Dichter der Kälte, Bertolt Brecht, drückt den gleichen Gedanken so aus:

Lobet die Kälte, die Finsternis und das Verderben!
Schauet hinan:
Es kommet nicht auf euch an
Und ihr könnt unbesorgt sterben.

Meiner christlichen Sozialisation ist nicht verborgen geblieben, dass Brecht als Folie für seine Verse den Choral von Paul Gerhardt *„Lobet den Herren, den mächtigen König der Ehren"* benutzt.

Was bleibt außer den Spuren des Existenzkampfes vom Menschen, wenn er stirbt? In der Offenbarung des Johannes gibt es dazu eine Prophezeiung, die vor allem künstlerisch tätige Menschen, Erfinder und Entdecker trösten kann: *"Ja, der Geist spricht, dass sie ruhen von ihrer Arbeit; denn ihre Werke folgen ihnen nach."* (Offenbarung 14,13)

Schön hat diesen Gedanken der unglückliche Dichter Friedrich Hölderlin ausgedrückt:

> Nur einen Sommer gönnt, ihr Gewaltigen!
> Und einen Herbst zu reifem Gesange mir,
> Dass williger mein Herz, vom süßen
> Spiele gesättiget, dann mir sterbe.
>
> Die Seele, der im Leben ihr göttlich Recht
> Nicht ward, sie ruht auch drunten im Orkus nicht;
> Doch ist mir einst das Heil'ge, das am
> Herzen mir liegt, das Gedicht, gelungen,
>
> Willkommen dann, o Stille der Schattenwelt!
> Zufrieden bin ich, wenn auch mein Saitenspiel
> Mich nicht hinab geleitet; Einmal
> Lebt ich, wie Götter, und mehr bedarfs nicht.
>
> Hölderlin, An die Parzen (1799)

Selten hat es eine grandiosere Aufwertung künstlerischer Produktivität gegeben wie in diesem Gedicht.

Fazit: In einer Welt der Sinnverlassenheit gibt es nur eine Devise: Der Sinn des Lebens ist das Leben selbst!

Nachwort

Die Ringe des Lebens

Der Dichter Rainer Maria Rilke hat für das menschliche Leben ein treffendes Bild geprägt: *"Ich lebe mein Leben in wachsenden Ringen, die sich über die Dinge ziehn...".* Das Kleinkind entdeckt spielerisch sein noch enges Lebensumfeld, der Jugendliche erprobt sich an waghalsigen Unternehmungen, der Erwachsene bewährt sich in Familie und Beruf. Immer geht es darum, eine fremde Welt für sich zu entdecken, sie sich geistig und praktisch anzueignen. Die Entdeckung der "Dinge" bedeutet, die Gesetzmäßigkeiten zu verstehen, die unser Leben bestimmen. Das von Rilke gewählte Bild von den Lebensringen veranschaulicht in Analogie zu den Jahresringen der Bäume das Wachstum unseres inneren Lebens durch die Entdeckung der äußeren Welt. *"Das Wichtigste im Leben ist die Erfahrung von Sinn".* Dieses Wort des Philosophen Wilhelm Schmid will sagen, dass das Leben für den Menschen nicht erfüllend ist, wenn er nur eintönig vor sich hinlebt. Er will seinem Leben Gehalt und Tiefe verleihen, indem er es mit Sinn auflädt. Zur Sinnstiftung wird gerne auf politische Ideologien zurückgegriffen. Sie sind stets mit einer Glücksverheißung verbunden - für das jetzige Leben oder für das Leben der

Nachfahren. Dass die Großideologien des 20. Jahrhunderts, Faschismus und Kommunismus, die Welt in Katastrophen gestürzt haben, hat sie keineswegs ein für alle Mal für die Sinnstiftung erledigt. Sie finden immer wieder neue Jünger, die unter dem Motto antreten: ´Dieses Mal machen wir es besser`. Gerade in Krisenzeiten hat das Irrationale wieder Konjunktur. Trotz schwindender Akzeptanz sind auch die beiden christlichen Konfessionen noch geeignet, dem Leben einen tieferen Sinn zu vermitteln. Verlockend ist nach wie vor die Verheißung, nach diesem Leben, das für manche bedrückend und armselig sein mag, ein strahlendes ewiges Leben geschenkt zu bekommen. Neben den Amtskirchen gibt es viele Freikirchen, deren Übergang zu Esoterik, Mystik und Okkultismus fließend ist. Im Internetzeitalter kann sich jeder seine eigene Weltanschauung basteln und sich mit Gleichgesinnten in Erlösungsvisionen ergehen. An einigen dieser sinnstiftenden Tinkturen mit Gefahrenpotential habe ich genippt, um dann schließlich das Instrument zu entdecken, das den Menschen erst zum Menschen macht: die Vernunft. Durch viele Windungen und Wendungen meines Lebens bin ich gegangen, um bei einer aufgeklärten Weltanschauung anzukommen, die Demokratie, Rechtstaat und Menschenrechte gegen alle Anfeindungen von links und rechts verteidigt. Heute gilt es vor allem, die Wahrhaftigkeit gegen alle Umdeutungen der Wirklichkeit ("alternative Fakten") zu verteidigen. Insofern hatten auch die Verirrungen, denen ich in meinem Leben erlegen bin, einen Sinn.

Informationen zum Autor

Rainer Werner wurde im Jahre 1946 in Ernsbach, Landkreis Hohenlohe, der Landschaft des Pfarrers und spätromantischen Dichters Eduard Mörike, geboren. In Tübingen, der Universitätsstadt mit den berühmten Absolventen Kepler, Hölderlin, Hauff, Mörike, Uhland, Hegel und Schelling, studierte er Germanistik, Geschichte und Politische Wissenschaft. Das Staatsexamen legte er an der Freien Universität Berlin ab. Nach einem kurzen Intermezzo an einer katholischen Privatschule erhielt Rainer Werner 1977 seine erste feste Anstellung als Lehrer an der Thomas-Mann-Oberschule in Berlin-Reinickendorf. Dort unterrichtete er zwölf Jahre lang Deutsch, Geschichte und Darstellendes Spiel („Schultheater"). 1989 wechselte er an die Schulfarm Scharfenberg, ein Gymnasium mit Internat. Dort wurde seine Arbeit geprägt von der reformpädagogischen Tradition der Schule, die noch in Ansätzen zu spüren war. 1999 wechselte er an das John-Lennon-Gymnasium in Berlin-Mitte, wo er bis zu seiner Pensionierung im Jahre 2011 unterrichtete. An diesem Gymnasium wirkte er an der inneren Schulreform mit, die das Gymnasium zu einer der erfolgreichsten Reformschulen in Berlin machte.

Während seiner Unterrichtstätigkeit verfasste Rainer Werner zahlreiche Bücher, vor allem Unterrichtshilfen für Lehrer für das Fach Deutsch. Die Skala der Titel reicht von „Psychoanalyse und Literatur" über „Lyrik im Deutschunterricht" bis zu Schillers Drama „Die Räuber". Anliegen dieser Bücher ist es, den Lehrern didaktisch aufbereitetes Material für einen anspruchsvollen und kreativen Deutschunterricht zur Verfügung zu stellen. Mit Vorträgen und Workshops zu fachdidaktischen Themen spricht Rainer Werner vor allem junge Lehrer und Referendare an, um sie für einen geistvollen und anregenden Deutschunterricht zu begeistern.

Rainer Werner mischte sich auch in pädagogische und schulpolitische Debatten ein, die in der Öffentlichkeit geführt wurden. In der „Tageszeitung", der „Frankfurter Rundschau", der „WELT", der "Frankfurter Allgemeinen Zeitung" und auf CICERO-online veröffentlichte er Essays und Kommentare zur Bildung und zur Schulpolitik. Auch an Streitgesprächen im Rundfunk wirkte er als Experte mit. Als Ausdruck seiner langen Unterrichtserfahrung und seines schulpolitischen Engagements entstanden seine Bücher „Auf der Lehrer kommt es an" (2012), "Lehrer machen Schule" (2014), "Fluch des Erfolgs" (2015) und „Was bleibt, stiften die Dichter" (2020). Rainer Werner hält Vorträge zu pädagogischen Themen und berät staatliche Schulen und Schulen in freier Trägerschaft bei der inneren Schulreform.